Menüs

die sicher gelingen

Angelika Ilies

Menüs

die sicher gelingen

Gestaltung der Bildseiten:
Klaus Arras

Bechtermünz Verlag

ALA VIOLA

Inhalt

Menü
Leberterrine mit Calvadosgelee
und Apfelkompott
Sahnige Möhrensuppe
gebratene Saiblingfilets mit
Radieschenbutter
Kotelettbraten mit Röstkartoffeln
und Linsengemüse
Ananasgugelhupf mit Kiwipüree
Espresso und Gebäck
Riesling von der Mosel
Grauburgunder aus Baden
Spätburgunder von der Ahr

Vorwort

Kulinarische Gästebewirtung ist seit Jahrtausenden bekannt und liegt auch heute noch voll im Trend.
Ein Anlaß für die Einladung zum Essen findet sich immer. Laden Sie gute Freunde oder die Familie zu sich nach Hause ein, und überraschen Sie sie mit einem mehrgängigen Menü: Vorspeise, Hauptgericht und Dessert, nach Belieben ergänzt durch einen oder mehrere Zwischengänge. Bestens aufeinander abgestimmt, mit Liebe serviert – Ihre Gäste werden begeistert sein.

Die wichtigste Voraussetzung für das gute Gelingen ist eine geschickte Planung. Auf die Auswahl der einzelnen Gänge des Menüs kommt es dabei ebenso an wie auf einen wohldurchdachten Zeitplan.
Dieses Buch stellt Ihnen Menüs für alle Gelegenheiten vor. Schnelle Menüs, für die Sie nicht einmal eine Stunde in der Küche stehen müssen, ebenso wie aufwendigere, mit denen Sie bereits am Vortag beginnen sollten. Leichte und üppige Menüs, einfache und festliche – Sie haben die Wahl.
Bei jedem der vorgestellten Menüs hilft Ihnen ein exakter Zeitplan. Er zeigt, was Sie bereits am Vortag oder am Morgen in aller Ruhe vorbereiten können und wann Sie was während des Menüs zu erledigen haben – Schritt für Schritt. Abgerundet wird jedes Menü durch Getränkeempfehlungen sowie durch viele Tips rund ums Thema.

Möchten Sie lieber ein eigenes Menü zusammenstellen, etwas über passende Getränke nachlesen? Suchen Sie Anregungen für schnelle Dekorationen und Garnierungen? Sind Sie unsicher, wie der Tisch für ein festliches Menü richtig eingedeckt wird? Auf all diese Fragen finden Sie in diesem Buch eine Fülle an Antworten.

So gelingt jedes Menü

Sie haben die ganze Familie oder liebe Freunde eingeladen und möchten Ihre Gäste kulinarisch verwöhnen. Große Bewunderung werden Sie ernten, wenn Sie ein feines, perfekt aufeinander abgestimmtes Menü auftragen.
Ob Sie dabei drei, vier oder gar fünf Gänge servieren, hängt ganz von Ihnen ab. Überlegen Sie: Zu welchem Anlaß haben Sie eingeladen? Wieviel Zeit haben Sie für Einkauf und Zubereitung? Wie geübt sind Sie? Es ist besser, Sie bringen ein rundherum gelungenes Drei-Gänge-Menü auf den Tisch, als daß Sie abgehetzt und mehr recht als schlecht fünf Gänge servieren.
In diesem Buch werden Menüs für alle Gelegenheiten vorgestellt. Genaue Zeitpläne helfen Ihnen, alles frisch und appetitlich zum rechten Augenblick auf den Tisch zu stellen.

Perfekte Speisefolgen
Natürlich können Sie auch eigene Menüs zusammenstellen, mit Rezepten aus diesem Buch (Vorschläge dazu auf Seite 116/117) ebenso wie mit altbewährten eigenen Kreationen.
Generell gilt: Erlaubt ist, was schmeckt. Strenge Vorschriften für die Zusammenstellung gibt es nicht, einige gewisse Grundregeln sollten Sie aber dennoch bedenken.

- Farben, Formen, Zutaten und Zubereitungsarten sollten sich innerhalb des Menüs nicht wiederholen, Abwechslung ist gefragt. Gerade Vielfältigkeit macht den Reiz und Genuß der Speisenfolge aus. Servieren Sie also nicht bei zwei Gängen Hähnchen oder Spargel, es sei denn, ganz gezielt bei einem Hähnchen- oder Spargelmenü (Seite 60). Auch sollte ein Menü nicht zwei Sahnesaucen enthalten und Sahnesauce nicht auf Cremesuppe folgen. Vorspeise und Dessert sollten nicht gleichermaßen in Terrinenform oder zu Klößchen geformt gereicht werden.
- Generell gehört Kaltes vor Warmes, Leichtes vor Schweres, gehören zarte und feine Gerichte vor intensiv gewürzte. Leichte und weiße Saucen sollten Sie vor schweren, dunklen servieren, Fisch vor Fleisch und helle Fisch- oder Fleischsorten vor dunklen.

Das klassische Menü
Das einfachste Menü besteht aus drei Gängen: aus Vorspeise, Hauptgericht und Dessert. Diese klassische Speisefolge ist jedoch auf unkomplizierte Art

beliebig zu erweitern. Schieben Sie eine zweite Vorspeise ein, oder reichen Sie im Anschluß an das Hauptgericht Käse und das süße Dessert nacheinander, und schon können Sie fünf Gänge anbieten. Reichen Sie zudem zwischen Vorspeise und Hauptgericht ein Sorbet, ist das Menü problemlos bereits zu sechs Gängen angewachsen.
Hier sind einige klassische Zusammenstellungen:

Menü mit drei Gängen
- Vorspeise (Suppe oder Salat)
- Hauptgericht mit Beilagen
- Dessert oder Käse

Menü mit vier Gängen
- Salat
- Suppe
- Fleisch oder Fisch
- Dessert oder Käse

Alternatives Menü mit vier Gängen
- Salat oder Suppe
- Fisch
- Fleisch
- Dessert oder Käse

Menü mit fünf Gängen
- Suppe
- Salat mit warmer Zutat (zum Beispiel gedünsteter oder gebratener Fisch)
- Fleisch
- Käse
- Dessert

Alternatives Menü mit fünf Gängen
- Salat
- Suppe
- Fisch oder Meeresfrüchte
- Fleisch
- Dessert

Menü mit sechs Gängen
- Leichte kalte Vorspeise
- Suppe
- Warmes Zwischengericht oder Fisch
- Hauptgericht mit Fleisch
- Käse
- Dessert

Alternatives Menü mit sechs Gängen
- Leichte kalte Vorspeise
- Warme Vorspeise (zum Beispiel Fisch)
- Sorbet, kalte Gemüsesuppe oder klare Brühe
- Hauptgericht mit Fleisch
- Käse
- Dessert

So gelingt jedes Menü

Auswahl der einzelnen Speisen
Die Menüs in diesem Buch sind so ausgewählt, daß alles leicht zu bewältigen ist und frisch und appetitlich zum gewünschten Zeitpunkt auf dem Tisch steht.
Möchten Sie einzelne Gerichte in einem Menü austauschen oder ein eigenes Menü zusammenstellen, sollten Sie die Speisen mit Bedacht auswählen. Beachten Sie dabei folgendes:
- Ist der Anlaß sehr festlich oder eher ein gewöhnlicher? Passen Sie die Gerichte im Stil dem Anlaß an, für einen lustigen Abend muß es kein Filetbraten sein.
- Das Menü sollte zur Jahreszeit passen. Es müssen im Januar wirklich keine Erdbeeren sein, sie sind teuer und nicht von der gewünschten Qualität.
- Überlegen Sie, wieviel Zeit Sie für die Zubereitung des Menüs zur Verfügung haben und wann Sie diese Zeit haben.
- Wie sieht es mit Ihrem Können in der Küche aus? Ein perfekt gelungenes Drei-Gänge-Menü wird mehr Anklang finden als fünf mißglückte Gerichte.
- Sind Sie auf sich allein gestellt, oder kann Ihnen jemand zur Hand gehen?
- Machen Sie sich auch ein paar Gedanken zu den Getränken, denn passende Getränke runden das Menü wunderbar ab (mehr dazu ab Seite 12).
- Für ein größeres Menü sollten sich die einzelnen Gerichte rechtzeitig vor- oder sogar fertig zubereiten lassen. Steaks sind ungeeignet, Sie müssen dafür längere Zeit nach der Vorspeise in der Küche stehen.
- Arbeitsintensive Speisen müssen sich am Vortag oder spätestens am Morgen vorbereiten lassen. Gut sind Terrinen, die am Vortag zubereitet werden.
- In letzter Minute sollten nur noch wenige Handgriffe nötig sein, beispielsweise eine Sauce binden, Nudeln in Butter schwenken, süße Creme auf Teller stürzen und dekorieren.
- Ihr Herd hat nur drei oder vier Kochfelder – bedenken Sie dies bei der Planung.
- Sie haben nur einen Backofen. Darin können Sie nur dann gleichzeitig zwei Menübestandteile garen, wenn ausreichend Platz ist und beide Gerichte die gleiche Temperatur verlangen.
- Haben Sie ein Tiefkühlgerät? Dann bereiten Sie einzelne Gerichte oder Bestandteile frühzeitig zu und frieren Sie sie ein. Denken Sie daran, sie rechtzeitig wieder herauszunehmen.
- Haben Sie ein Mikrowellengerät? Planen Sie es als Hilfsgerät oder sogar als zusätzlichen »Herd« ein.

Die Mengen
Die Mengen für ein gewöhnliches Alltagsessen mit der Familie kennen Sie. Doch wie sieht es mit einem feinen Menü aus, mit mehreren Gängen und für mehr als vier Personen? Mit schlichtem Verdoppeln oder Verdreifachen der gewohnten Mengen liegen Sie meist falsch.
Doppelte Personenzahl bedeutet nicht doppelte Mengen. Sie können die Mengen etwas kleiner halten. Noch wichtiger aber ist, wieviele Gänge bei einem Menü aufeinander folgen. Je mehr Gänge Sie servieren, desto kleiner fallen die einzelnen Portionen aus.
Natürlich können alle Mengenangaben in den Rezepten nur Anhaltswerte darstellen. Schließlich hat der eine nach zwei kleinen Kartoffeln genug, ein anderer verdrückt allein ein halbes Pfund. Überlegen Sie deshalb bei einer Menüplanung auch, was am nächsten Tag noch schmeckt oder was sich einfrieren läßt. Von diesen Speisen oder Menübestandteilen können Sie problemlos größere Mengen zubereiten – Sie müssen Übriggebliebenes später nicht wegwerfen.
Als Anhaltswerte können Sie pro Person folgende Mengen einplanen: ¼ l Suppe, 125–175 g Fleisch (ohne Knochen), 150–200 g Fisch (ohne Gräten), Gemüse und Kartoffeln als Beilage je etwa 200 g, Nudeln und Reis als Beilage etwa 50 g.

Perfekte Planung – Schritt für Schritt

Damit das Vergnügen der Einladung nicht zwischendurch durch Hektik getrübt wird, sollten Sie einen genauen Plan erstellen und auch nach diesem vorgehen. Selbst ein Profi kann mehrgängige Menüs nicht ohne entsprechende Planung und Vorbereitung aus dem Handgelenk schütteln.

- Laden Sie Ihre Gäste rechtzeitig ein – mündlich oder schriftlich. Erbitten Sie Rückantworten, nur so können Sie genau planen.
- Beginnen Sie bei einem großen Essen einige Tage vorher mit der Planung. Wählen Sie die Speisen und die Getränke aus. Schreiben Sie in aller Ruhe einen Einkaufszettel.
- Können Sie einzelne Zutaten bereits frühzeitig einkaufen? Erledigen Sie möglichst viele Dinge im voraus.
- Müssen Sie Spezielles wie eine Lachsforelle oder einen großen Braten vorbestellen? Erkundigen Sie sich rechtzeitig.
- Haben Sie den gewählten Wein im Keller? Wenn nicht, besorgen Sie ihn einige Tage vor dem Menü. Wein sollte nach dem Transport ruhen, ehe er entkorkt wird. Wichtig ist auch ein rechtzeitiges Kühlstellen.
- Wie sieht es mit der Dekoration des Tisches aus? (Anregungen finden Sie ab Seite 16.) Ist alles vorhanden? Muß die Tischdecke eventuell gewaschen oder gebügelt werden?
- Haben Sie ausreichend Geschirr, Besteck und Gläser? Leihen Sie sich ansonsten etwas bei Freunden oder beim Partyservice aus (Adressen im Branchenbuch).

Über eine liebevoll gestaltete Einladung freuen sich Ihre Gäste bestimmt – denn Vorfreude ist die schönste Freude.

- Sofern Sie Ihre Gäste mit einem Menü aus diesem Buch überraschen möchten, können Sie sich an den fertigen Zeitplan halten. Bei einem selbst zusammengestellten Menü sollten Sie sich ebenfalls einen Zeitplan aufschreiben. Planen Sie ausreichend Zeit zum Tischdecken, Frischmachen und Umziehen ein. Planen Sie Pausen zwischen den einzelnen Gängen ein. Zehn bis 15 Minuten sollten es schon sein, die einzelnen Gänge dürfen also nicht schneller als 30 Minuten aufeinander folgen.
- Bedenken Sie bei jeder Zeitplanung, daß die Gäste möglicherweise nicht auf die Minute pünktlich sind. Das Essen sollte nicht schon zum verabredeten Zeitpunkt fix und fertig sein. Planen Sie ausreichend Zeit für Begrüßung und Aperitif ein.
- Übrigens: Das »vorher« in den Menü-Zeitplänen dieses Buches meint den Zeitpunkt, zu dem die Gäste erwartet werden.

Das »Drumherum«

Natürlich steht das Menü im Mittelpunkt. Aber auch das »Drumherum«, das Ambiente, muß stimmen, also passende Getränke, ein schön gedeckter Tisch und aufmerksame Bewirtung. Bereiten Sie Tischkarten und Menükarten vor, legen Sie Korkenzieher und Flaschenöffner bereit, denken Sie an den Aschenbecher für Raucher.
Zur Begrüßung kann es einen Aperitif (Seite 12) und ein Amuse-gueules (Seite 15) geben.
Wie in guten Restaurants sollten Sie für den ersten Appetit frisches Brot und Butter auf den Tisch stellen. Es können Baguettescheiben oder Mini-Brötchen sein, die Butter darf gern mit Knoblauch oder Kräutern gewürzt sein. Stellen Sie die Butter in kleinen Schälchen bereit, dabei reicht für vier Personen ein Schälchen. Sitzen mehr Gäste am Tisch, ordnen Sie Butterschälchen so an, daß jeweils zwei oder vier nebeneinander- oder sich gegenübersitzende Personen leicht herangelangen. Sie können die Butter aber auch zu Locken oder Kugeln formen und für jeden Gast

Den ersten kleinen Hunger stillt etwas Brot mit Butter.

auf einem kleinen Teller links oberhalb des Gedeckes bereitstellen.
Sorgen Sie für leichte, dezente Hintergrundmusik, die keinesfalls die Unterhaltung stören darf.
Ein gutes Menü wird durch Kaffee, Mokka oder Espresso abgerundet. Bieten Sie dazu einen Digestif (Seite 14) an, nach Belieben auch kleine Pralinen oder Plätzchen (Rezept für Kaffeegebäck Amaretti auf Seite 114).

Rund um die Getränke

Getränke umrahmen jedes feine Menü. Ein Schluck vorweg stimmt erwartungsfroh und hilft, die Zeit bis zur Vorspeise zu überbrücken. Zu den Speisen wird gewöhnlich Wein serviert, manchmal auch ein kühles Bier. Und nach dem Mahl sorgt ein Drink für das gemütliche Ausklingen und hilft dem Magen bei der Verdauungsarbeit.

Der Aperitif
Reichen Sie Ihren Gästen nach der Begrüßung ein Glas, oder schenken Sie es nach dem Platznehmen am Tisch ein. Damit können Sie das Essen oder den Abend gemütlich beginnen und die letzten Minuten bis zum ersten Gang kulinarisch verkürzen.
Das lateinische Wort »aperire« bedeutet öffnen. Der Aperitif soll den Gaumen kitzeln und den Magen öffnen, den Appetit und die Verdauungssäfte anregen.

Aperitifs »kitzeln« den Gaumen. Von links nach rechts: Sherry, weißer Portwein, dunkler und heller Wermut, Campari Orange, Campari Soda, Bellini, Kir Royal.

Leicht trockene, alkoholische Getränke eignen sich am besten dazu. Zu kräftige Drinks würden die Geschmacksnerven betäuben, zu alkoholreiche Drinks würden ermüden und betäuben.
Als Aperitif eignen sich beispielsweise
• trockener Sekt oder Champagner, eisgekühlt. Im Trend ist Prosecco, ein frischer Schaumwein aus Venetien;
• trockener oder halbtrockener Sherry. Auch der Sherry darf als Aperitif gekühlt serviert werden;
• weißer Portwein, ebenfalls gekühlt;
• Bitters, die alkoholhaltigen Getränke auf der Basis von Likör und Wein. Sie enthalten Kräuterextrakte und meist Chinin, das die Geschmacksnerven anregt. Typisch sind Campari (auf Eis oder mit etwas Soda), trockener oder halbtrockener Wermut (auf Eis, eventuell mit einem Spritzer Zitrone gewürzt), Cynar (aus Artischocken) und Aperol (aus Rhabarber);
• ein leichter Cocktail, zum Beispiel ein Bellini aus frischem Pfirsichpüree und Champagner oder Sekt. Beliebt sind auch Kir und Kir Royal aus Johannisbeerlikör und Weißwein oder Sekt. Oder mischen Sie Sekt mit ein wenig Campari oder Aperol.

Wer keinen Alkohol servieren möchte, bietet gewürzte Gemüsesäfte, beispielsweise Tomatensaft, an. Ebenfalls passend sind Mixdrinks aus frisch gepreßten oder guten, gekauften Fruchtsäften, eventuell mit etwas Mineralwasser aufgegossen. Oder probieren Sie einmal einen Drink aus pürierten Himbeeren oder Kiwis, aufgegossen mit eisgekühltem Bitter Lemon.

Wein
Erlaubt ist, was schmeckt – so lautet der heutige Grundsatz bei der Weinauswahl. Wichtig ist, daß der Wein das Essen begleitet, sich aber nicht in den Mittelpunkt drängt. Er darf also auf keinen Fall kräftiger sein als die Speise. Es sollte stets (mit wenigen Ausnahmen) ein trockener oder halbtrockener Wein gewählt werden. Die früher übliche strenge Regel, die weißen Wein zu weißem Fleisch oder Fisch und roten Wein zu dunklem Fleisch vorschrieb, ist in dieser Form überholt. Sie können sich dies aber dennoch als Faustregel merken, falsch machen Sie damit auch heute nichts.
Für die Weinauswahl mindestens ebenso wichtig wie die Fleischsorte

sind jedoch Beilagen, Zubereitungsarten und Saucen. Zum Steak mit einer milden Sahnesauce paßt Weißwein, zum Steak mit einer schweren Käsesauce hingegen mundet ein Rotwein besser. Reichen Sie leichte, zartblumige Weine zu fein gewürzten und schwere, gehaltvolle Weine zu stark gewürzten Speisen.
Wenn Sie sich unsicher sind, können Sie jederzeit einen Roséwein einschenken, er paßt zu fast allen Gerichten. Rosé können Sie auch wählen, wenn Sie während eines Menüs nur eine Flasche Wein oder nur eine Sorte entkorken wollen. Gleiches gilt für gut gekühlten, trockenen, leichten Weißwein.
Sollen verschiedene Weine angeboten werden, entspricht die Reihenfolge der Weine der der Speisen. Leichtes gehört vor Schweres, Weißwein vor Rotwein. Unabhängig davon kann allerdings zum Dessert auch nach einem roten noch ein weißer Wein kredenzt werden.

Stellen Sie die gewählten Weine rechtzeitig kühl. Trockene Weißweine sollten mit 9–11°, körperreiche Weißweine mit 12–14°, Rosés und junge leichte Rotweine mit etwa 14°, schwere Rotweine mit 16–18° serviert werden. Die gepriesene »Zimmertemperatur« für Rotweine gehört der Vergangenheit an, einer Zeit, als Zimmer noch ungeheizt waren. Für Süßweine sind Temperaturen von 10–16° am besten.

Haben Sie einen besonderen, alten Rotwein für das Menü ausgesucht, sollten Sie die Flasche sehr vorsichtig transportieren – eventuell am Boden abgesetzte Trübstoffe sollten nicht herumwirbeln. Entkorken Sie die Flasche bereits zur Vorspeise (oder noch etwas früher), damit der Wein Luft bekommt. Oder dekantieren Sie den Wein, gießen Sie ihn also ganz vorsichtig in eine große Karaffe um. Dabei bleiben die Trübstoffe am Boden der Flasche zurück.

Übrigens gehören Weißweine stets in dünnwandige, hohe Gläser, Rotweine hingegen in eher bauchige, große Kelche. Schenken Sie die Gläser niemals randvoll ein, so kann sich das Bukett des Weines voll entfalten. Und fassen Sie die Gläser stets am Stiel an, damit sich der Wein nicht durch die Wärme der Hände erwärmt.

Jeder Wein im passenden Glas, von links nach rechts: Weißwein im Weißweinglas, Rotwein (oder reifer Weißwein) im Bordeauxglas, Rotwein im Burgunderglas.

Welcher Wein wozu?

- Zu kalten und warmen Vorspeisen, zu mild zubereitetem Fisch und Meeresfrüchten: trockene, leichte Weißweine (zum Beispiel Silvaner, Müller-Thurgau, Grüner Veltliner, Soave, Muscadet, Entre-Deux-Mers) oder Rosés (zum Beispiel Rheinpfälzer Weißherbst).
- Zu würzigen Vorspeisen wie Leberpastete paßt auch ein halbsüßer oder süßer Wein.
- Zu hellem Fleisch und Geflügel, Pilz- und Gemüsegerichten sowie zu gebratenen Fischen und Meeresfrüchten: trockene und doch fruchtig-aromatische Weißweine (zum Beispiel Riesling, Weiß- und Grauburgunder, Orvieto Classico, Chablis, Meursault), Rosés (zum Beispiel Badischer Weißherbst, Côtes-de-Provence Rosé) oder leichte, junge Rotweine (zum Beispiel Portugieser, deutscher Burgunder, Valpolicella, Beaujolais).
- Zu dunklem Fleisch, Wild und reifem Käse: schwere, kräftige Rotweine (zum Beispiel Bordeaux, Burgunder, Chianti Classico, Barolo, Rioja).
- Zum Käse: Je kräftiger der Käse ist, desto dunkler und kräftiger darf auch der Wein sein. Zu jungen, milden Käsesorten passen Weißweine, zu reifem Käse schmecken kräftige Rotweine besser. Zu sehr aromatischem Edelpilzkäse wie Gorgonzola oder Roquefort können Sie auch einen kühlen, edelsüßen Wein

Dekantieren: Wird der Wein in eine Karaffe umgegossen, bleiben die Trübstoffe in der Flasche zurück.

servieren (zum Beispiel Beerenauslese, Sauternes, Vin Santo).
- Zum Dessert: süße, alkoholreiche Weine. Aus Deutschland stammen die Beerenauslesen, Trockenbeerenauslesen und Eisweine. Eisweine kommen zudem aus Österreich. Weltweit am höchsten angesehen sind die Sauternes aus Frankreich. Aber auch Vin Santo oder Rosenmuskateller aus Italien können Sie servieren. Alle Süßweine sollten gekühlt serviert werden. Gut schmeckt zum Dessert auch ein süßer Masala oder ein Cream-Sherry.

Der Digestif
Nach dem Mahl sollten Sie sich gemeinsam mit Ihren Gästen gemütlich zurücklehnen und entspannen. Eine Tasse Kaffee, Mokka oder ein italienischer Espresso runden das Menü angenehm ab. Bieten Sie dazu einen Digestif an, der dem Magen gut tut. Vor allem nach einem üppigen Essen hilft er, weil er die Verdauung anregt. Als Digestif eignen sich beispielsweise

- braune Brände wie Cognac, Weinbrand, Brandy, Armagnac, Metaxa, alle mit Zimmertemperatur serviert;
- klare Obstbrände wie Kirschwasser, Himbeergeist, Williams, Marillengeist, Slibowitz, Grappa aus Italien, Marc aus Frankreich, serviert mit Zimmertemperatur;
- Calvados, der französische Apfelbrand;
- Portwein oder Sherry, die schwereren, süßeren Sorten. Sie werden nicht gekühlt;
- alkoholreiche Bitters wie Underberg, Fernet Branca oder Ramazzotti, mit Zimmertemperatur serviert;
- Liköre auf Frucht- oder Sahnebasis;
- nach deftigen Menüs auch klare Schnäpse wie Korn, Wodka, Gin, Aquavit. Sie schmecken eisgekühlt am besten.

Andere Getränke
Mineralwasser sollten Sie bei jedem Essen in einer ausreichenden Menge bereithalten. Sind Kinder mit am Tisch oder gibt es Gäste, die keinen Alkohol trinken möchten oder dürfen (nicht nur Autofahrer), paßt dieses neutrale Getränk zum Essen am besten. Zudem hilft Mineralwasser jederzeit gegen den Durst (man trinkt weniger Wein, somit weniger Alkohol) und neutralisiert zwischendurch immer mal wieder die Geschmacksnerven.
Säfte wie beispielsweise Apfel- oder Orangensaft können mit Mineralwasser gemischt zum Essen gereicht werden. Säfte pur sind meist zu süß, sie harmonieren nur mit wenigen Speisen.
Bier paßt zu einigen Gerichten besser als Wein, beispielsweise zu den asiatischen. Zudem trinkt vielleicht der ein oder andere Gast lieber ein kühles Pils als Wein.
Tee, meist grüner, ist in Asien der typische Begleiter zum Essen, und er paßt tatsächlich auch am besten dazu. Er wird nur mäßig heiß und ungesüßt getrunken.

Wenn der Kühlschrank zu klein ist, lassen sich Getränke in einem Eimer oder einer Schüssel, die mit Eiswasser gefüllt sind, kühlen. Für Wein- oder Sektflaschen, die in Tischnähe stehen sollen, gibt es spezielle Kühlgefäße.

Getränke kühlen
In den Wintermonaten ist es gewöhnlich problemlos, auch eine größere Flaschenzahl für ein ausgedehntes Menü kalt zu bekommen. Im Sommer wird es schon etwas schwieriger – der Kühlschrank ist sicher für vorbereitete Speisen reserviert. Ist auch Ihr Keller nicht kalt genug, müssen Sie die Getränke auf Eis kühlen. Beginnen Sie dann frühzeitig mit der Herstellung von Eis, praktisch sind speziell dafür vorgesehene Eiskugel-Kunststoffbeutel. Eine andere Möglichkeit: Sie kaufen einen Beutel mit Eiswürfeln beim Partyservice. Das Eis geben Sie in eine Kunststoffwanne oder in einen großen Eimer. Gießen Sie etwas kaltes Wasser dazu, mischen Sie eventuell auch etwas Salz unter (das senkt die Temperatur) und stellen Sie die Flaschen hinein.

Amuse-gueules machen Appetit

Sie begleiten den Aperitif, und sie sind stets nur ein einziger Bissen, ein winziges Portiönchen: die Amuse-gueules. Sie sollen, zusammen mit dem Aperitif, den Appetit anregen, ihn aber keinesfalls stillen. Sie sollen die Minuten von der Ankunft der Gäste bis zur Vorspeise überbrücken, sie sind quasi eine Vor-Vorspeise.
Hier sind einige Ideen, mit welchen Köstlichkeiten Sie Ihr Menü beginnen können. Aber auch jede Vorspeise können Sie, in einer Mini-Portion, als Amuse-gueules servieren. Wichtig ist: Die Häppchen müssen fix und fertig sein, wenn Ihre Gäste eintreffen.

- Die einfachste Art der kulinarischen Begrüßung: kleine Weißbrotscheiben oder Mini-Brötchen auf dem Tisch bereitstellen, dazu gewürzte Butter und dünne Stangen von knackigem Gemüse.
- Mini-Windbeutel backen und mit einer leichten Käse- oder Schinkencreme füllen.
- Eine Mini-Tarte (Springform mit 20 cm Durchmesser) backen, in kleine Stücke schneiden und mit Kräuterblättchen anrichten.
- Grissini, die langen italienischen Gebäckstangen, mit je einer Scheibe Schinken umwickeln.
- Mittelgroße Champignonköpfe mit etwas gewürztem Tatar füllen und Kräuterblättchen oder je drei kleine Kapern darauf legen.
- Für italienische Crostini kleine Baguettescheiben mit Knoblauch einreiben und mit würziger Leberpastete bestreichen. Oder Tomaten entkernen, klein würfeln, mit Zwiebel, Öl und Knoblauch würzen und die Baguettescheiben damit bedecken.
- Aus Vollkornbrot mundgerechte Ecken schneiden, mit pikant gewürzter Avocadocreme bestreichen und Paprikawürfelchen darauf legen.
- Mini-Kartoffelpuffer backen, einen Klecks Crème fraîche und etwas Kaviar darauf geben.

Der perfekt gedeckte Tisch

Bereits der erste Blick auf die Tafel soll Ihren Gästen Appetit auf das Kommende machen. Sie sollten also nicht allein dem Kochen, sondern auch dem Eindecken des Tisches Aufmerksamkeit schenken.

Es ist überhaupt nicht schlimm, wenn das Geschirr eines Services nicht ausreicht: Kombinieren Sie einfach verschiedenfarbiges, auf das Sie die Dekoration abstimmen.

Ganz klar, daß dabei nicht alles bis ins letzte Quentchen perfekt sein muß. Wenn Sie nicht ausreichend einheitliches Geschirr haben, kombinieren Sie verschiedenes. Schaffen Sie durch die Dekorationen eine Verbindung zwischen roten und gelben Tellern, zwischen einfarbigen und bunten. Haben Sie nicht für jeden Gang neues Besteck? Auch das ist wirklich nicht weiter schlimm. Bitten Sie die Gäste, das Besteck für den nächsten Gang zu behalten. Praktisch dafür sind Messerbänkchen, auf denen benutztes Besteck abgelegt werden kann, ohne das Tischtuch zu berühren und zu beschmutzen. Auch nicht vorhandenes Fischbesteck sollte Sie keinesfalls davon abbringen, einen Fischgang zu servieren. Fisch läßt sich auch mit einem gewöhnlichen Messer zerteilen.
Nicht fehlen sollten allerdings Salzstreuer und Pfeffermühle sowie ein Aschenbecher in greifbarer Nähe des Tisches. Auch Warmhalteplatten sind ganz sicher sinnvoll.
Möchten Sie alles von A bis Z perfekt gestalten, beachten Sie die folgenden grundlegenden Regeln:

- Der Tisch muß ausreichend groß sein, mindestens 60, besser 70 cm Breite pro Person und Gedeck sollten es schon sein. Möchten Sie mehr Gäste einladen, als bequem an Ihrem Tisch Platz finden? Vielleicht haben Sie ja irgendwo in der Wohnung einen zweiten Tisch, der sich passend an den Eßtisch stellen läßt. Andernfalls können Sie Tische auch beim Partyservice ausleihen. (Adressen finden Sie im Branchenbuch.)
Sie müssen auch überlegen, ob Sie fertige Tellergerichte servieren, oder ob Sie Platten und Schüsseln auf den Tisch stellen möchten, so daß sich jeder selbst daraus bedienen kann. Lassen Sie von Anfang an ausreichend Platz für Schüsseln und Platten. Langes Hin- und Herschieben der Gedecke oder der Dekorationen während des Essens stört.
- Die Gedecke verteilen Sie gleichmäßig auf dem Tisch. Praktisch und dekorativ sind Platzteller, die bis zum Dessert nicht abgeräumt werden. Die Teller der einzelnen Speisen werden nacheinander auf dem Platzteller serviert, Ihre Gäste sitzen nie vor einem leeren Tischtuch.
Platzteller oder aber der Eßteller bilden den Mittelpunkt eines Gedeckes. Die Menüfolge bestimmt dann die weiteren Teller sowie die Anordnung von Besteck und Gläsern. Werden Tellergerichte serviert, steht auf dem Platzteller kein weiterer Teller. Soll sich hingegen jeder Gast am Tisch selbst bedienen oder legen Sie am Tisch vor, stehen die Eß-, Vorspeisen- und Suppenteller auf

dem Platzteller, und zwar natürlich in der umgekehrten Reihenfolge, in der die Gänge serviert werden. Beginnt das Menü mit einer Suppe, steht also der Suppenteller ganz oben.
Ein kleiner Brotteller findet links neben dem Eßteller seinen Platz. Gibt es Butter dazu, liegt ein kleines Buttermesser auf dem Teller. Den Salatteller stellt man ebenfalls auf die linke Seite, dort ist er mit der Gabel bequem zu erreichen.

• Für das Besteck gibt es natürlich ebenso Vorschriften. Messer rechts,

Für das Anordnen von Tellern, Gläsern und Besteck gibt es Regeln, nach denen Sie den Tisch eindecken sollten.

Gabel links – das kennen Sie. Besteht das Menü aus mehreren Gängen (und haben Sie ausreichend Besteck zur Verfügung), sollte für jedes Gericht ein eigenes Besteck bereitliegen. Es wird so angeordnet, daß es nach und nach von außen nach innen weggenommen wird. Direkt am Teller liegen also Messer und Gabel für das Hauptgericht. Werden nacheinander Suppe, Vorspeise und Hauptgericht serviert, so liegt auf der rechten Seite ganz außen der Suppenlöffel. Sie können den Suppenlöffel aber auch oberhalb des Tellers arrangieren. Das Messer für den Salat liegt auf der rechten Seite links vom Löffel, also in der Mitte der Besteckreihe. Die Gabel liegt auf der linken Seite außen. Jeweils direkt neben dem Teller liegt das große Tafelbesteck. Dessertgabel und Dessertlöffel werden stets oberhalb des Tellers arrangiert.

• Auch die Gläser (sofern Sie mehrere Weine servieren) werden in der Reihenfolge der Gänge aufgestellt – jeweils rechts oberhalb des Tellers. Wird zur Vorspeise Weißwein, zum Hauptgericht Rotwein getrunken, so steht das kleinere Weißweinglas rechts. Links davon, eventuell leicht nach hinten versetzt, das Rotweinglas. Stellen Sie am besten jeweils noch ein Glas für Mineralwasser dazu – das Wasser hilft gegen den Durst und bei der Geschmacksneutralisation.

• Fingerschalen mit Wasser sind keine Spielerei, sondern eine sehr angenehme Angelegenheit, wenn es Hähnchen, Hummer oder Scampi gibt.

Das Auge ißt mit

Hübsche Tischdekorationen
Zu jedem feinen Menü gehört natürlich auch ein hübsch gedeckter Tisch. Bereits auf den ersten Blick sollen die eintreffenden Gäste Appetit bekommen. Überlegen Sie sich deshalb nicht allein die Menüfolge, sondern planen Sie auch die Tischdekorationen mit viel Sorgfalt. Allerlei Utensilien dafür haben Sie gewiß ohnehin in Ihren Schränken, manches möchten Sie aber vielleicht doch noch besorgen.

Denken Sie nicht zu kompliziert – auch mit scheinbar wertlosen Kleinigkeiten können Sie den Tisch attraktiv ins rechte Licht rücken. Muscheln, die Sie im letzten Sommerurlaub gesammelt haben, passen wunderbar zu einem Fischmenü. Im Oktober gibt buntes Herbstlaub der Tafel eine aparte Note. Besorgen Sie sich Geschenkbänder oder Schleifen und fragen Sie im Bastelgeschäft nach bunten Federn oder Glasperlen.

Am schönsten und auch am einfachsten ist es, wenn Sie die Tischdekoration ganz auf das Essen abstimmen. Haben Sie sich für das italienische Menü (Seite 48) entschieden, decken Sie den Tisch in den italienischen Landesfarben Grün, Rot und Weiß ein, zum griechischen Menü (Seite 44) passen hellblaue und weiße Streifen besonders gut. Wählen Sie eine Tischdecke in einer der Landesfarben und kombinieren Sie dazu die anderen Farben. Auch einem weißen Tischtuch können Sie natürlich mit Geschenkbändern oder Servietten passende Farbakzente verleihen.

Vergleichbar können Sie bei allen Menüs vorgehen. Paßt keine landestypische Dekoration, bedenken Sie den Anlaß für das Menü sowie die Speisenfolge. Für ein ganz besonderes, festliches Essen sollten es feine Stoffe sein, zu einem rustikalen Menü passen Papierservietten ebenso. Gibt es einen bestimmten Anlaß, beispielsweise einen Geburtstag? Legen Sie doch viele kleine Geschenkpäckchen als Dekoration auf den Tisch. Heben Sie den Platz des Geburtstagskindes besonders hervor, beispielsweise durch kleine, glitzernde Metallherzchen (gibt es als Dekomaterial) oder durch einen Blütenkranz.

Blumenschmuck gehört auf jede festliche Tafel. Verwenden Sie dabei stets flache Vasen oder Schalen, jeder Gast soll sein Gegenüber ungestört ansehen können. Streuen Sie Blütenblätter oder herbstlich gefärbtes Laub auf den Tisch, lassen Sie einzelne Blütenköpfe in einer wassergefüllten Schale schwimmen, oder stecken Sie einzelne Blüten in kleine Gläser. Verzichten Sie aber auf stark riechende Blüten, der Duft der Speisen und der Weine soll unverfälscht in die Nasen der Gäste gelangen.

Kerzen sind ebenfalls ein wundervolles Dekomittel. Auch sie sollten, wie die Blumen, nicht den Blick zum Gegenüber behindern. Ideal sind niedrige Leuchter, Schwimmkerzen (vielleicht ja mit Blüten zusammen in einer Schale) oder Teelichter, die Sie in kleine Schälchen oder Papiermanschetten gesetzt haben.

Servietten, ganz gleich ob aus Stoff oder Papier, sollten Sie hübsch auf oder neben dem Teller arrangieren. Am einfachsten ist es, Sie stecken zusammengerollte Servietten in Serviettenringe. Statt mit Ringen können Sie die Servietten auch mit bunten Geschenkbändern zusammenhalten. Falten Sie verschiedenfarbige Papierservietten zusammen oder stecken Sie sie lose in eines der Gläser. Natürlich können Sie sich auch in der Kunst des Serviettenfaltens üben – versuchen Sie es dann aber einige Tage im voraus in aller Ruhe. Viele ausgesprochen dekorative Formen sind denkbar einfach herzustellen. Experimentieren Sie also ein wenig.

Das Auge ißt mit

Spannend und schön: Menükarten
Wenn Ihre Gäste erwartungsfroh am festlich gedeckten Tisch Platz nehmen, stimmen Sie sie mit Aperitif und Amuse-gueules ein auf das, was Sie auftischen werden.
Eine weitere schöne Möglichkeit, den Appetit anzuregen und die Vorfreude zu steigern, sind Menükarten. Darauf erfahren Ihre Gäste, was in den nächsten Stunden auf sie zukommen wird und worauf sie sich freuen können. Legen Sie, wie in guten Restaurants üblich, Klappkarten auf jedes Gedeck. Innen sind auf der rechten Seite die Speisen und links die Getränke aufgelistet. Bei einfacheren Menüs können die Getränke unter den Speisen genannt werden. Auch Anlaß, Ort und Datum des Festmahls werden gewöhnlich notiert, schließlich sind die Menükarten auch eine schöne Erinnerung für die Gäste.

Wer es sich ganz einfach machen möchte, kauft vorgedruckte Menükarten im Schreibwarengeschäft, die nur noch auszufüllen sind. Schöner und gastlicher ist es natürlich, Sie machen sich selbst ans Werk. Den Aufwand dafür können Sie sehr gering halten, denn hübsche Menükarten lassen sich innerhalb weniger Minuten herstellen. Wer gerne bastelt und frühzeitig plant, wird sich bei einem festlichen Anlaß aber bestimmt auch für diesen »Menüteil« etwas Zeit nehmen.

Die Menükarten liegen später auf der gedeckten Tafel, sie sollten also zu den anderen Dekorationen, zum Geschirr und natürlich zum Anlaß und Menü selbst passen. Wählen Sie zartes, dünnes Papier für einen festlichen Anlaß, derbes Papier oder Karton für ein bodenständiges Menü.
Einfachste Variante: farbiges Papier oder dünnen Karton zurechtschneiden, nach Belieben auch falten. Die Menüfolge und die Weine daraufschreiben.
Etwas aufwendiger: aus dünnem Karton eine Klappkarte falten, zusätzlich ein Papier in der Mitte knicken. Dieses

Papier wird mit der Menüfolge versehen und in die Klappkarte aus Pappe gelegt. Wer mag, bindet die beiden Kartenteile im Kniff mit einer Kordel zusammen. Noch ein wenig aufwendiger: eine Schablone zeichnen und die Menükarten in dieser Form ausschneiden. Wie wär's mit roten oder bunten Herzen? Oder beim italienischen Menü mit einer Tomate aus rotem Karton, beim Weihnachtsmenü mit einem goldenen Stern oder einem grünen Tannenbaum, beim Fischmenü mit einem blauen Fisch oder einem rötlichen Seestern? Natürlich können Sie die Karten – je nach Zeit und Laune – beliebig weiter verzieren. Dekorationsmaterialien und Möglichkeiten gibt es reichlich: Schnell geht's mit gekauften Klebeetiketten. Wer etwas zeichnen oder malen kann, schwingt Stift oder Pinsel. Schreiben Sie mit Tusche oder mit wasserfestem Filzstift auf Folie oder auf Glas. Sie können Blütenblätter, bunte Federn oder glitzernde Sternchen auf die Karten kleben. Beschriften Sie Tortendeckchen und legen Sie diese in gefaltete Karten. Bestreichen Sie einzelne Stellen der Karten mit Klebstoff und streuen Sie Glitzerstaub darauf – nach dem Trocknen des Klebstoffes bleibt ein glitzerndes Muster auf der Karte zurück. Kleben Sie feine und dekorative Stoffreste auf Pappe und schneiden Sie die Karten daraus aus.
Auch ausgefallenere Ideen lassen sich oft in Minutenschnelle realisieren. Besorgen Sie sich schlichte Kacheln im Baumarkt oder Sanitärhandel und beschriften Sie diese mit wasserfesten Stiften. Schreiben Sie die Menüfolge auf dünnes Pergamentpapier, rollen Sie das Papier auf, und binden Sie die Rolle mit Geschenkband zusammen. Für ein italienisches Menü können Sie die Rolle in getrocknete Cannelloni stecken, für ein feines Menü in Keksröllchen oder in Ringe. Beschriften Sie für ein asiatisches oder für ein sommerliches Menü gekaufte oder selbstgebastelte Fächer. Schreiben Sie die Menüfolge auf einen bunten Zettel und legen Sie diesen in eine kleine Pappschachtel, die Sie eventuell noch wie ein Geschenkpäckchen zusammenbinden können. Die Ideenliste ließe sich beliebig fortsetzen. Am besten aber lassen Sie Ihrer Phantasie freien Lauf.

Speisen im Nu garniert

Die Zeiten üppig geschnitzter Tomaten und Gurken sind vorüber, sie gehören in die sechziger Jahre. Schlichte, aber wirkungsvolle Garnierungen sind heute gefragt.
Das Essen soll im Vordergrund stehen, nicht die Dekoration. Hinzu kommt, daß bei aufwendigen Menüs für ebenso aufwendige Garnierungen kaum Zeit bleibt. Verwenden Sie eßbares Dekor. Frische Kräuterblättchen sehen immer hübsch aus. Dabei sollte das Kraut bereits im jeweiligen Gericht enthalten sein, zumindest aber sollten die Aromen von Gericht und Kraut miteinander harmonieren. Wirkungsvoll und ganz einfach: Schnittlauchhalme ganz oder in lange Stücke geschnitten über ein fertiges Gericht, bespielsweise eine Terrine, legen.

Bewahren Sie bei der Zubereitung eines Gerichtes einige wenige Stücke eines farbigen Bestandteiles auf – kleingeschnitten wird im Nu eine hübsche Dekoration daraus. Ist Paprika im Gemüse enthalten, können Sie beispielsweise feingewürfelte Paprikaschote rundherum auf den Teller streuen. Oder Sie legen einige feine Paprikastreifen vor dem Servieren dekorativ auf das Gericht. Tomatenwürfelchen, Möhrenstifte oder -scheibchen, zarte Ringe von Frühlingszwiebeln, gehackte Pistazien, geröstete Mandelblättchen sind andere schnelle Garnierungen.

Auch Süßspeisen sind auf diese Art im Nu appetitlich präsentiert. Ganz einfach: den Teller vor oder nach dem Anrichten dünn mit Puderzucker oder Kakaopulver bestreuen, dabei ein feines Sieb zur Hilfe nehmen. Auch Pistazienkerne, Mandelblättchen oder Walnüsse, einzelne Beeren, ein Klecks Fruchtmark oder ein Sahnetupfer sind schnelle Deko-Ideen. Beim Blättern in diesem Buch finden Sie viele weitere Anregungen. Keine der Dekorationen ist ausgesprochen aufwendig, alle sind mit wenigen Handgriffen zu bewältigen. Lassen Sie sich anregen – und Ihrer Phantasie freien Lauf.

Schnelle Menüs

Feine Gästebewirtung muß nicht gleichbedeutend sein mit stundenlangen Kocheleien, und doch brauchen Ihre Gäste nicht mit Knabbergebäck oder Schnittchen Vorlieb zu nehmen.
Auf den folgenden Seiten finden Sie drei Menüs für zwei und vier Personen, die in 1–1¼ Stunden fix und fertig auf dem Tisch stehen.

Schnell & raffiniert

Für 6 Personen

Vorspeise
Räucherforelle mit Schnittlauchsauce, Baguette

Zwischengang
Tortellinisuppe

Hauptgericht
Schweinesteaks vom Blech mit Kräuterkartoffeln

Dessert
Heidelbeer-Eisbecher mit Sahne

Getränkeempfehlungen

- Als Aperitif: Aperol mit etwas Orangensaft
- Zum Essen: kräftiger Weißwein, zum Beispiel ein Grauburgunder
- Nach dem Dessert: Kaffee, nach Geschmack Heidelbeerlikör oder ein Obstbrand

Tips zu diesem Menü

- Räucherfisch schmeckt am besten, wenn er nicht zu kalt serviert wird. Nehmen Sie ihn rechtzeitig aus dem Kühlschrank.
- Statt der Räucherforelle können Sie auch einen bunten Salatteller als ersten Gang servieren.
- Für die Suppe können Sie natürlich eine selbstgekochte Fleisch-, Hühner- oder Gemüsebrühe verwenden. Wenn dafür die Zeit fehlt, greifen Sie auf einen fertigen Fond aus dem Glas zurück.
- Möchten Sie nur drei Gänge servieren, entscheiden Sie sich zwischen Räucherforelle und Tortellinisuppe. Erhöhen Sie dann die Mengen in den anderen Gängen ein wenig.
- Dieses Menü läßt sich ohne Probleme auch für mehr oder weniger als sechs Personen zubereiten. Die Mengen lassen sich ganz einfach erhöhen oder verringern.

Zeitplan

1 Stunde vorher:	Die Erbsen aus dem Tiefkühlgerät nehmen. Die Forellenfilets aus dem Kühlschrank nehmen. Die Schnittlauchsauce zubereiten und kühl stellen. Salzwasser für die Tortellini aufsetzen.
45 Minuten vorher:	Die Heidelbeeren vorbereiten. Die Tortellini kochen.
35 Minuten vorher:	Die Schweinesteaks würzen. Die Kartoffeln und die Zwiebeln schälen, auf dem Blech verteilen und mit Kräuteröl bestreichen.
Kurz vorher:	Die Vorspeise anrichten.
Nach dem Aperitif:	Die Brühe für die Suppe bei schwacher Hitze auf den Herd stellen, die Erbsen dazugeben. Das Blech mit den Kartoffeln und Zwiebeln in den Ofen stellen, den Ofen auf 200° schalten. Die Vorspeise servieren.
Nach der Vorspeise:	Die Schweinesteaks in den Ofen geben. Die Suppe fertigstellen und servieren.
Nach dem Zwischengang:	Das Eis aus dem Tiefkühlgerät in den Kühlschrank stellen. Das Hauptgericht anrichten und servieren.
Nach dem Hauptgericht:	Das Dessert anrichten und servieren.

Räucherforelle mit Schnittlauchsauce

Zutaten:
2 Bund Schnittlauch
200 g Schmant
150 g Vollmilchjoghurt
2 Eßl. Olivenöl
Salz
schwarzer Pfeffer, frisch gemahlen
300 g Räucherforellenfilets
1 Baguette (250 g)
Zum Garnieren: Zitronenschnitze

1. Den Schnittlauch waschen und trockentupfen. 18 Halme beiseite legen, den restlichen Schnittlauch in feine Röllchen schneiden.

2. Die Schnittlauchröllchen mit dem Schmant, dem Joghurt, dem Olivenöl, Salz und Pfeffer verrühren und abschmecken. Zugedeckt kühl stellen.

3. Die Räucherforellenfilets schräg in breite Streifen schneiden.

4. Zum Servieren die Schnittlauchsauce auf sechs Teller verteilen und die Forellenstücke darauf anrichten. Je 3 Schnittlauchhalme quer darüber legen und alles mit Zitronenschnitzen garnieren. Das Baguette aufschneiden und dazu reichen.

Tortellinisuppe

Zutaten:
Salz
175 g getrocknete Tortellini
125 g Erbsen, tiefgekühlt
1,2 l kräftige Brühe
schwarzer Pfeffer, frisch gemahlen
Worcestersauce
Schnittlauchröllchen nach Belieben

1. Reichlich Salzwasser aufkochen. Die Tortellini nach der Packungsbeschreibung darin knapp gar kochen lassen. In ein Sieb abgießen, kalt abbrausen und beiseite stellen. Die Erbsen antauen lassen.

2. Zum Servieren die Brühe aufkochen lassen, mit Salz, Pfeffer und Worcestersauce abschmecken. Die Erbsen und die Tortellini hineingeben und alles kurz erhitzen. Nach Belieben einige Schnittlauchröllchen darüber streuen.

Schweinesteaks mit Kräuterkartoffeln

Zutaten:
2 Zweige Rosmarin
6 Zweige Thymian
8 Eßl. Öl
schwarzer Pfeffer, frisch gemahlen
Salz
6 Schweinesteaks (je etwa 125 g)
800 g kleine Kartoffeln
400 g kleine Zwiebeln
Für das Blech: Öl

1. Den Rosmarin und den Thymian waschen, trockentupfen und von den groben Stielen befreien. Dann klein hacken und mit dem Öl verrühren. Mit Pfeffer und Salz würzen.

2. Die Schweinesteaks kalt abwaschen, abtrocknen und rundherum mit dem Kräuteröl einreiben.

3. Die Kartoffeln waschen, schälen und halbieren. Die Zwiebeln schälen und halbieren.

4. Ein Backblech einfetten. Die Kartoffeln und die Zwiebeln mit den Schnittflächen nach unten auf dem Blech verteilen. Das restliche Kräuteröl mit einem Pinsel aufstreichen.

5. Das Blech in den Ofen (Mitte) schieben, den Ofen auf 200° einstellen, die Zutaten etwa 25 Minuten garen.

6. Die Steaks auf das Backblech legen und alles noch etwa 15 Minuten garen. Nach Belieben noch kurz den Grill dazuschalten, dann werden die Kartoffeln besonders knusprig.

Heidelbeer-Eisbecher mit Sahne

Zutaten:
300 g Heidelbeeren (frisch oder tiefgekühlt)
3 Päckchen Vanillezucker
3–4 Eßl. weißer Rum oder Obstbrand nach Belieben
150 g Sahne
300 g Pistazieneis oder Vanilleeis
25 g gehackte Pistazienkerne
Zitronenmelisse nach Belieben

1. Frische Heidelbeeren vorsichtig waschen, verlesen und abtropfen lassen, tiefgekühlte Früchte zugedeckt auftauen lassen.

2. Die Beeren mit 2 Päckchen Vanillezucker und nach Belieben mit dem Alkohol mischen und zugedeckt kühl stellen.

3. Zum Servieren die Sahne steif schlagen und mit dem restlichen Vanillezucker aromatisieren. Die Heidelbeeren in Gläser verteilen.

4. Das Eis mit einem Kugelausstecher zu kleinen Kugeln formen und auf die Beeren geben. Die Sahne auf das Eis spritzen. Die Pistazienkerne darauf streuen. Nach Belieben mit Zitronenmelisse verzieren.

Schnell & festlich

Für 2 Personen

Vorspeise
Linsensalat mit Seezunge

Hauptgericht
Entenbrust mit Sahnekartoffeln

Käsegang
Gorgonzola mit Trauben

Dessert
Espressocreme

Getränkeempfehlungen

- Als Aperitif: trockener Sekt oder Champagner
- Zur Vorspeise: spritziger, trockener Weißwein, zum Beispiel ein junger Mosel-Riesling
- Zum Hauptgericht und Käsegang: Weißherbst (aus dem Elsaß) oder leichter Rotwein (zum Beispiel Beaujolais)
- Zum Dessert: Orangenlikör oder Cognac

Tips zu diesem Menü

- Öffnen Sie zum Aperitif nur eine Piccolo-Flasche.
- Preiswerter ist es, Schollenfilets statt Seezunge zu verwenden. Geübte Fischköche können dafür eine kleine Scholle selbst filetieren. Sie können aber natürlich auch ausgelöste Filets kaufen.
- Für ein Drei-Gänge-Menü entweder den Käsegang oder die Espressocreme weglassen.
- Die Espressocreme ist sehr dekorativ, wenn Sie sie in hohen Sektkelchen servieren.
- Diese Arbeitsschritte können Sie auch bereits am Morgen erledigen: Espressocreme, Linsensalat und Sahnekartoffeln zubereiten, Entenbrust marinieren und Seezungenfilets würzen.
- Möchten Sie das Menü für vier Personen zubereiten, werden die Mengen nahezu verdoppelt. Achten Sie dann beim Gratin auf eine ausreichend breite Auflaufform. Kartoffeln und Birnen sollten nicht zu dick übereinander liegen, zudem muß auf dem Gratin ausreichend Platz für vier Entenbrustfilets sein.

Zeitplan

1¼ Stunden vorher:	Die Espressocreme zubereiten und kühl stellen.
1 Stunde vorher:	Den Linsensalat zubereiten und kühl stellen.
40 Minuten vorher:	Die Seezungenfilets marinieren. Die Entenbrustfilets marinieren.
30 Minuten vorher:	Die Kartoffeln schälen, vorkochen und mit der Birne und der Crème fraîche in die Form geben.
15 Minuten vorher:	Die Weintrauben waschen und marinieren. Den Käse aus dem Kühlschrank nehmen. Die Entenbrustfilets anbraten und auf die Sahnekartoffeln legen.
Nach dem Aperitif:	Den Backofen auf 225° vorheizen. Die Seezungenfilets braten und mit dem Linsensalat anrichten. Die Form mit den Sahnekartoffeln und den Entenbrustfilets in den Ofen stellen.
Nach der Vorspeise:	Die Entenbrustfilets in Scheiben schneiden, mit den Sahnekartoffeln anrichten und servieren.
Nach dem Hauptgericht:	Den Gorgonzola mit den Trauben anrichten und servieren.
Nach dem Käsegang:	Das Dessert garnieren und servieren.

Linsensalat mit Seezunge

Zutaten:
1/8 l milde Hühnerbrühe
60 g rote Linsen
1 Frühlingszwiebel
1 Eßl. Champagner- oder Weinessig
2 Teel. Crème fraîche
2 Eßl. Öl (davon möglichst 1 Eßl. Traubenkern- oder Nußöl)
Salz
schwarzer Pfeffer, frisch gemahlen
1 Prise Kreuzkümmel, gemahlen
4 kleine Seezungenfilets
2 Eßl. Limettensaft
1 Eßl. Butter
2 Eßl. Mandelblättchen

1. Die Brühe in einem kleinen Topf aufkochen lassen, die Linsen hineinstreuen und zugedeckt bei sehr schwacher Hitze etwa 6 Minuten garen.

2. Inzwischen die Frühlingszwiebel putzen, waschen und in feine, sehr schräge Ringe schneiden. Unter die noch heißen Linsen mischen. Den Essig, die Crème fraîche und das Öl unterrühren. Den Linsensalat mit Salz, Pfeffer und dem Kreuzkümmel abschmecken und zugedeckt kühl stellen.

3. Die Seezungenfilets kalt abbrausen und trockentupfen. Mit dem Limettensaft beträufeln, salzen und pfeffern.

4. Zum Servieren die Butter in einer Pfanne aufschäumen. Die Mandelblättchen kurz darin anrösten, dann an den Rand der Pfanne schieben. Die Seezungenfilets in die Pfanne legen und von jeder Seite etwa 1 Minute braten. Dann herausnehmen und mit dem Linsensalat anrichten.

Entenbrust mit Sahnekartoffeln

Zutaten:
2 kleine Entenbrustfilets (mit Haut, ohne Knochen; je etwa 250 g)
1 walnußgroßes Stück Ingwer
schwarzer Pfeffer, frisch gemahlen
400 g festkochende Kartoffeln
Salz
1 feste Birne
1 Eßl. Limettensaft
100 g Crème fraîche
1 Ei
1 Teel. Senf
1 Eßl. Öl
einige Zweige Kerbel (ersatzweise Petersilie)

1. Die Entenbrustfilets kalt abspülen und trockentupfen. Den Ingwer schälen und fein reiben oder hacken. Die Entenbrustfilets rundherum pfeffern und mit dem Ingwer einreiben. Dabei auch die Fettschicht an einigen Stellen vorsichtig mit einem Finger vom Fleisch lösen und Ingwerwürfelchen darunterstecken. Zugedeckt kalt stellen.

2. Die Kartoffeln schälen, waschen und in dünne Scheiben schneiden oder hobeln. In Salzwasser etwa 3 Minuten vorkochen, dann gut abtropfen lassen.

3. Die Birne waschen, gut trockenreiben, vierteln und das Kerngehäuse entfernen. Die Viertel in Spalten schneiden und sofort mit Limettensaft beträufeln.

4. Die Crème fraîche mit dem Ei, dem Senf, Salz und Pfeffer verrühren. Die Kartoffelscheiben und die Birnenspalten damit vorsichtig vermengen. In eine breite Auflaufform füllen.

5. Den Backofen auf 225° vorheizen.

6. Das Öl in einer Pfanne stark erhitzen. Die Entenbruststreifen zuerst auf der Hautseite, dann auf der anderen Seite jeweils etwa 2 Minuten anbraten. Die Filets dann auf die Kartoffel-Birnen-Mischung legen.

7. Die Auflaufform in den Backofen (Mitte) stellen und alles in etwa 20 Minuten garen. Den Kerbel waschen, trockentupfen und fein hacken.

8. Zum Servieren die Entenbrustfilets in Scheiben schneiden und mit einigen Sahnekartoffeln auf zwei Tellern anrichten. Mit dem Kerbel bestreuen. Die restlichen Kartoffeln in einer Schüssel servieren.

Gorgonzola mit Trauben

Zutaten:
200 g kernlose Weintrauben
2 Eßl. Grappa oder anderer Obstbrand
125 g Gorgonzola (nach Belieben auch Sahne-Gorgonzola)
schwarzer Pfeffer, frisch gemahlen

1. Die Trauben waschen, von den Stielen zupfen, halbieren und mit dem Grappa vermischen.

2. Zum Servieren den Käse in Stücke schneiden. Zusammen mit den Weintrauben anrichten und Pfeffer direkt aus der Mühle darüber mahlen.

Espressocreme

Zutaten:
1 Eigelb
1 Päckchen Vanillezucker
1 Eßl. Zucker
3 Eßl. sehr starker Espressokaffee
150 g Mascarpone
1 Eßl. Kaffee- oder Mandellikör nach Belieben
4–6 Schokoladentäfelchen
¼ Teel. Kakaopulver

1. Über einem heißen Wasserbad das Eigelb mit dem Vanillezucker und dem Zucker cremig schlagen. Den Espresso dazugeben, aufschlagen und die Creme dann vom Wasserbad nehmen.

2. In einer anderen Schüssel den Mascarpone und nach Belieben den Likör verrühren, nach und nach die Espressocreme unterrühren. Die Creme in zwei Dessertschälchen geben und zugedeckt kalt stellen.

3. Zum Servieren die Creme mit den Schokoladentäfelchen verzieren und ganz leicht mit dem Kakaopulver bestäuben.

Schnell & preiswert

Für 4 Personen

Vorspeise
Cremesuppe von Wurzelpetersilie

Hauptgericht
Hähnchen mit Wirsing-Maronen-Gemüse, Kartoffeln

Dessert
Apfelquark mit gerösteten Mandelblättchen

Getränkeempfehlungen

- Als Aperitif: Campari mit Soda
- Zur Vorspeise und zum Hauptgericht: kühles Bier. Als Wein können Sie kühlen Roséwein reichen, zum Beispiel einen badischen Weißherbst
- Zum oder nach dem Dessert: Calvados

Tips zu diesem Menü

- Viele Arbeitsschritte können Sie auch vorbereiten: Die Cremesuppe können Sie am Morgen fertigstellen. Kartoffeln lassen sich einige Stunden im voraus schälen.
  Der Apfelquark kann ohne Qualitätsverlust 2–3 Stunden im Kühlschrank ruhen.
- Das Hähnchen und den Wirsing stellen Sie am besten gleich im Bräter auf den Tisch.
- Wenn Sie frische Maronen verwenden möchten: Ritzen Sie etwa 300 g Maronen oben mit einem scharfen Messer kreuzweise ein und schieben Sie sie auf einem Blech zum Hähnchen in den Ofen. Nach 30 Minuten aus dem Ofen nehmen und etwas abkühlen lassen. Dann schälen und unter den Wirsing rühren oder getrennt dazu reichen.

Zeitplan

1¼ Stunden vorher:	Das Hähnchen und den Wirsing vorbereiten und mit den Maronen in den Bräter geben.
45 Minuten vorher:	Für die Suppe die Petersilienwurzeln und Kartoffeln schälen und aufsetzen. Für die Beilage zum Hauptgericht die Kartoffeln schälen.
35 Minuten vorher:	Für das Hauptgericht den Bräter mit dem Hähnchen in den Ofen schieben und den Ofen auf 225° einschalten.
25 Minuten vorher:	Das Dessert zubereiten und in Portionsschälchen oder in einer großen Schüssel zugedeckt kühl stellen.
10 Minuten vorher:	Die Suppe fertigstellen.
Nach dem Aperitif:	Für die Beilage die Kartoffeln aufsetzen. Die Suppe wieder aufkochen lassen und servieren.
Nach der Vorspeise:	Die Kartoffeln abgießen, mit dem Hähnchen und dem Wirsing anrichten und servieren.
Nach dem Hauptgericht:	Das Dessert servieren.

Cremesuppe von Wurzelpetersilie

Zutaten:
150 g Wurzelpetersilie
300 g mehligkochende Kartoffeln
1 kleine Zwiebel
1 Eßl. Butterschmalz
800 ml Hühnerbrühe
100 g Sahne
4 Zweige Pimpernelle (ersatzweise Petersilie)
Salz
schwarzer Pfeffer, frisch gemahlen

1. Die Wurzelpetersilie und die Kartoffeln waschen, schälen und grob würfeln. Die Zwiebel schälen und klein würfeln. Das Butterschmalz in einem Topf erhitzen, die Zwiebel darin unter Rühren glasig werden lassen. Die Wurzelpetersilie und die Kartoffeln dazugeben und anbraten, dann mit der Hälfte der Brühe ablöschen. Das Gemüse zugedeckt bei schwacher Hitze 15–20 Minuten köcheln lassen, bis die Kartoffeln weich sind.

2. Die Suppe anschließend mit dem Pürierstab direkt im Topf oder im Mixer pürieren. Wieder aufkochen lassen und die übrige Brühe und die Hälfte der Sahne einrühren.

3. Die Pimpernelle waschen, trockentupfen und bis auf wenige Blättchen fein hacken, in die Suppe rühren und alles mit Salz und Pfeffer abschmecken.

4. Zum Servieren die Suppe wieder erhitzen. Dann auf vier Teller verteilen, die restliche Sahne jeweils in die Mitte gießen und mit den restlichen Pimpernelleblättchen verzieren. Die Suppe sofort servieren.

Hähnchen mit Wirsing-Maronen-Gemüse

Zutaten:
1 großes Brathähnchen (etwa 1,5 kg)
Salz
schwarzer Pfeffer, frisch gemahlen
1 mittelgroßer Wirsing (etwa 800 g)
100 g Frühstücksspeck (Bacon), in dünnen Scheiben
2 Zwiebeln
4 Eßl. Öl
1 Dose geschälte Maronen
300 ml Hühnerbrühe
700 g festkochende Kartoffeln

1. Das Hähnchen waschen, trockentupfen und in 8 Portionsstücke schneiden oder hacken. Mit Salz und Pfeffer einreiben.

2. Den Wirsing waschen und die äußeren Blätter ablösen. Vierteln, den harten Strunk entfernen und den Kohl quer in 3–4 cm breite Streifen schneiden.

3. Den Speck würfeln, die Zwiebeln schälen und ebenfalls würfeln. Das Öl in einem großen Bräter erhitzen, den Speck darin auslassen. Die Zwiebelwürfel dazugeben und goldgelb braten.

4. Den Wirsing und die Hähnchenteile in den Bräter geben und leicht in dem Speckfett wenden. Die Maronen abtropfen lassen und daruntermischen. Die Brühe seitlich angießen.

5. Die Kartoffeln schälen und mit Wasser bedecken.

6. Den Bräter in den Ofen (Mitte) stellen und den Ofen auf 225° aufheizen. Alles etwa 45 Minuten garen.

7. Die Kartoffeln in wenig Salzwasser in etwa 20 Minuten gar kochen lassen. Die Kartoffeln abgießen, zusammen mit den Hähnchenteilen und dem Wirsing servieren.

Apfelquark mit Mandelblättchen

Zutaten:
50 g Mandelblättchen
400 g Quark
75 g Sahne
1 Päckchen Vanillezucker
2 Eßl. Zucker
2–3 feste, aromatische Äpfel
(zum Beispiel Boskop oder Jonagold)
3 Eßl. Zitronensaft
Minzeblättchen nach Belieben

1. Die Mandelblättchen in einer trockenen Pfanne goldbraun rösten. Aus der Pfanne nehmen und beiseite stellen.

2. In einer Schüssel den Quark mit der Sahne, dem Vanillezucker und dem Zucker verrühren.

3. Die Äpfel waschen und gut abreiben, vierteln und entkernen. 2 Apfelviertel sofort in Spalten schneiden und in dem Zitronensaft wenden.

4. Die übrigen Äpfel grob raspeln und sofort mit dem Zitronensaft beträufeln, dann unter den Quark mischen.

5. Den Quark in eine große oder in vier kleine Schälchen geben. Zum Servieren mit den gerösteten Mandeln, den Apfelspalten und nach Belieben Minzeblättchen dekorieren.

Internationale Menüs

Ob Sie nun die asiatische oder die österreichische Küche bevorzugen, ob Sie griechisch oder italienisch schlemmen möchten – für jeden Geschmack findet sich auf den nächsten Seiten ein feines Menü. Natürlich werden die Speisen dabei durch passende Getränke abgerundet.

Österreichisches Menü

Für 6 Personen

Vorspeise
Frittatensuppe

Zwischengang
Blattsalat mit Kürbiskernen

Hauptgericht
Tafelspitz mit Meerrettichsauce, Kartoffeln

Dessert
Marillenknödel

Getränkeempfehlungen

- Als Aperitif: gut gekühlter Sekt, am besten natürlich eine österreichische Marke; oder trockener, gelber Muskateller aus der Steiermark
- Von der Vorspeise bis zum Hauptgericht: österreichischer Weißwein, zum Beispiel Grüner Veltiner oder Welschriesling. Sie können das ganze Menü hindurch bei einem Wein bleiben. Oder Sie wechseln nach dem Salat zu Rotwein, beispielsweise zu Blauem Burgunder.
- Zum oder nach dem Dessert: Mokka und Marillengeist

Tips zu diesem Menü

- Das Menü hat eine etwas ungewohnte Speisenfolge – es gibt zuerst eine warme Vorspeise, dann einen Salat. Der Salat soll eine Trennung zwischen Suppe und dem in Brühe gegarten Fleischgang vollziehen.
- Bei diesem Menü dürfen sich die Gäste ruhig etwas verspäten. Das Fleisch kann in der Brühe auch gern 1 Stunde länger ziehen. Voraussetzung ist eine wirklich schwache Hitze, denn auf diese Art wird das Fleisch nicht trocken.
- Möchten Sie die Suppe als ersten Gang weglassen, brauchen Sie für die Meerrettichsauce ½ l gute Fleischbrühe.
- Wem das Dessert zu aufwendig ist, serviert einen Eisbecher mit frischen Früchten der Saison.
- Statt der Aprikosen können Sie auch Zwetschgen in den Brandteig hüllen.

Zeitplan

Am Morgen:	Die Brühe für die Frittatensuppe kochen. Die Frittaten backen und zugedeckt kühl stellen. Die Marillenknödel vorbereiten und zugedeckt kühl stellen.
2 Stunden vorher:	Den Tisch decken.
1½ Stunden vorher:	Den Tafelspitz aufsetzen. Die Kartoffeln schälen und würfeln. Die Meerrettichsauce zubereiten.
50 Minuten vorher:	Die Salatzutaten und das Dressing vorbereiten.
35 Minuten vorher:	Zeit für Sie, sich zu erfrischen und umzuziehen.
Kurz vorher:	Die Suppe wieder aufkochen lassen und abschmecken.
Nach dem Aperitif:	Die Kartoffeln zum Tafelspitz geben. Die Frittatensuppe anrichten und servieren.
Nach der Vorspeise:	Den Salat anrichten und servieren.
Nach dem Zwischengang	Die Meerrettichsauce erwärmen und abschmecken. Mit dem Tafelspitz anrichten und servieren. Wasser für die Marillenknödel bei mittlerer Hitze aufsetzen.
Nach dem Hauptgericht:	Die Marillenknödel garen, die Semmelbrösel rösten. Die Marillenknödel darin wenden und servieren.

Frittatensuppe

Zutaten:
750 g Suppenknochen vom Rind
500 g Suppenfleisch vom Rind
1 Bund Suppengemüse
1 Lorbeerblatt
1 Eßl. schwarze Pfefferkörner
⅛ l Milch
50 g Mehl
1 Ei
Salz
schwarzer Pfeffer, frisch gemahlen
4 Teel. Butter
1 Bund glatte Petersilie

1. Die Suppenknochen und das Suppenfleisch kalt abwaschen und in einen großen Topf geben. Etwa 2½ l kaltes Wasser dazugießen.

2. Das Suppengemüse putzen, waschen und grob zerkleinern, zusammen mit dem Lorbeerblatt und den Pfefferkörnern in den Topf geben. Alles aufkochen und halb zugedeckt bei schwacher Hitze etwa 2 Stunden köcheln lassen.

3. Die Brühe abseihen. Etwa ½ l Brühe für die Meerrettichsauce des Hauptgerichts beiseite stellen. Das Suppenfleisch vom Knochen lösen, in feine Streifen schneiden und in die übrige Brühe geben.

4. Für die Frittaten die Milch mit dem Mehl und dem Ei verquirlen, mit Salz und Pfeffer würzen.

5. In einer Pfanne 2 Teelöffel Butter aufschäumen, die Hälfte des Teiges hineingießen, in der Pfanne verteilen und einen Pfannkuchen backen. Anschließend mit der restlichen Butter und dem übrigen Teig einen zweiten Pfannkuchen backen. Die Pfannkuchen aufrollen und zugedeckt beiseite stellen.

6. Zum Servieren die Brühe wieder aufkochen lassen, mit Salz und Pfeffer abschmecken. Die Petersilie waschen, trockentupfen und die Blättchen fein hacken. In die Suppe geben. Die Pfannkuchen in feine Streifen schneiden (Frittaten), auf sechs Teller verteilen und die heiße Brühe darüber gießen.

Blattsalat mit Kürbiskernen

Zutaten:
3 Scheiben Toast- oder Weizenbrot
2 Eßl. Butter
350 g blaue Weintrauben
1 kleiner Kopf Friséesalat
1 kleiner Kopf grüner Salat
1 kleiner Kopf Radicchio
4 Eßl. Weinessig
Salz
schwarzer Pfeffer, frisch gemahlen
6 Eßl. Öl
4 Eßl. Kürbiskernöl
6 Eßl. Kürbiskerne mit dunkler Schale
Petersilie nach Belieben

1. Die Brotscheiben klein würfeln. Die Butter in einer breiten Pfanne aufschäumen und die Brotwürfel darin rundherum knusprig braten. Aus der Pfanne nehmen.

2. Die Weintrauben waschen, halbieren und entkernen. Die Salate putzen, waschen und trockenschleudern. Bis zur Verwendung in ein feuchtes Tuch wickeln.

3. Den Essig mit Salz und Pfeffer verrühren, beide Ölsorten kräftig unterschlagen. Das Dressing abschmecken.

4. Zum Servieren die Salatblätter zerzupfen, zusammen mit den Trauben im Salatdressing wenden. Auf sechs Teller verteilen, die Kürbiskerne und die gerösteten Brotwürfel darüber streuen. Nach Belieben mit einigen Petersilienblättchen verzieren.

Konzert für Klavier und
in F dur.
Bach's Werke.

Tafelspitz mit Meerrettichsauce

Zutaten:
Salz
1 Bund Suppengemüse
800 g Tafelspitz
850 g festkochende Kartoffeln
50 g Butter
30 g Mehl
½ l Fleischbrühe (von der Frittatensuppe)
1 Stück Meerrettichwurzel (10–15 cm)
schwarzer Pfeffer, frisch gemahlen
1 Bund Schnittlauch

1. Etwa 2½ l leicht gesalzenes Wasser in einem großen Topf zum Kochen bringen. Das Suppengemüse waschen und grob zerteilen, das Fleischstück kalt abwaschen und beides in das Wasser geben. Die Hitze so reduzieren, daß das Wasser gerade eben siedet (nicht kocht!). Das Fleisch halb zugedeckt etwa 1½ Stunden gar ziehen lassen.

2. Die Kartoffeln schälen, waschen und grob würfeln. In kaltes Wasser geben und beiseite stellen.

3. Für die Meerrettichsauce die Butter in einem kleinen Topf zerlassen. Das Mehl hineinstreuen, unter Rühren goldgelb werden lassen und mit der Brühe ablöschen. Den Meerrettich schälen, fein reiben und sofort in die Sauce geben. Die Sauce etwa 5 Minuten köcheln lassen, salzen und pfeffern. Abkühlen lassen.

4. Nach den 1½ Stunden Garzeit des Fleischs die Kartoffeln in die Brühe geben und alles noch 45 Minuten bis 1 Stunde köcheln lassen.

5. Zum Servieren die Meerrettichsauce wieder aufkochen lassen. Das Fleisch aus der Brühe nehmen, in dünne Scheiben schneiden und auf einer Platte anrichten. Die Kartoffeln mit einer Schaumkelle aus der Brühe heben und zum Fleisch geben. Den Schnittlauch waschen, trockentupfen und in feine Röllchen schneiden. Einige Röllchen über die Kartoffeln streuen, die restlichen unter die Meerrettichsauce rühren. Die Sauce in eine Sauciere umfüllen und zum Fleisch reichen.

Marillenknödel

Zutaten:
Für die Knödel:
Salz
40 g Butter
200 g Mehl
2 Eier
12 kleine, reife Marillen (Aprikosen; etwa 500 g)
12 Stück Würfelzucker
Zum Servieren:
80 g Butter
70 g Semmelbrösel
2–3 Eßl. Zucker
Zitronenmelisse nach Belieben

1. Für den Brandteig 1/4 l Wasser, 1 Prise Salz und die Butter in einem Topf aufkochen, bis die Butter geschmolzen ist. Das Mehl auf einmal hineinschütten und unter Rühren zu einem Kloß abbrennen, dann den Topf vom Herd ziehen. 1 Ei sorgfältig und gründlich unterrühren, erst dann auch das andere Ei unterarbeiten. Den Teig abkühlen lassen.

2. Die Marillen waschen, längs aufschlitzen und entsteinen. Je 1 Zuckerwürfel anstelle des Steins hineingeben.

3. Den Teig in zwölf Portionen teilen (je etwa 40 g schwer). Nach und nach jede Portion etwas flach drücken, je 1 Marille vollständig und gleichmäßig darin einhüllen, die Ränder gut glattstreichen. Dabei die Hände ab und zu unter kaltes Wasser halten. Die Knödel nebeneinander auf eine große Platte legen und zugedeckt kalt stellen.

4. Reichlich leicht gesalzenes Wasser in einem sehr breiten oder zwei normalen Töpfen aufkochen. Die Hitze so reduzieren, daß das Wasser gerade siedet.

5. Zum Servieren die Knödel nebeneinander in das Wasser legen und etwa 8 Minuten darin ziehen lassen. Die Butter in einer sehr breiten oder zwei normalen Pfannen aufschäumen, die Semmelbrösel darin unter Rühren anrösten. Die fertigen Knödel mit einer Schaumkelle aus dem Wasser heben, gut abtropfen lassen und in den Semmelbröseln wenden. Mit dem Zucker bestreuen und nach Belieben mit Zitronenmelisse auf sechs Tellern anrichten.

Griechisches Menü

Für 4 Personen

Vorspeise
Gefüllte Weinblätter, Fladenbrot

Hauptgericht
Musaka

Dessert
Pfirsiche mit Honigjoghurt

Getränkeempfehlungen

- Als Aperitif: Ouzo (griechischer Anisschnaps)
- Zu Vorspeise und Hauptgericht: zu diesem Menü sollten Sie griechischen Wein reichen. Gut paßt Demestica, rot oder weiß.
- Nach dem Dessert: Metaxa oder anderer Weinbrand

Tips zu diesem Menü

- Abgepackte Weinblätter sind in eine Salzlake eingelegt. Vor dem Füllen sollten Sie die Blätter in einer großen Schüssel mit reichlich kaltem oder lauwarmem Wasser sehr gründlich waschen. Sonst schmecken die Röllchen später zu salzig.
- Übrige Weinblätter aus der Packung können Sie problemlos einfrieren. Dafür die Blätter am besten in der Packung lassen und später auch darin wieder auftauen lassen. Die Blätter halten sich so etwa ein halbes Jahr.
- In griechischen oder türkischen Spezialitätenläden, aber auch in vielen Supermärkten, bekommen Sie zehnprozentigen, cremigen Joghurt. Er wird meist aus Kuhmilch hergestellt. Sie können für die Musaka aber auch den nur etwa sechsprozentigen griechischen Schafmilchjoghurt oder Crème fraîche verwenden.
- Eine Variation, wenn Ihnen Musaka zu aufwendig ist: Lamm- oder Schweinefleisch mundgerecht würfeln und auf lange Spieße reihen, mit Salz, Pfeffer, Knoblauch und Oregano würzen und in Öl braten. Als Beilage kleine Nudeln gar kochen lassen, in etwas Tomatenpüree wenden, so daß sie rötlich überzogen sind.

Zeitplan

2½ Stunden vorher:	Die Weinblätter vorbereiten, füllen und garen. Anschließend zugedeckt im Topf beiseite stellen.
2 Stunden vorher:	Die Auberginen in Scheiben schneiden, salzen und abtropfen lassen. Den Honigjoghurt zubereiten und zugedeckt kühl stellen. Die Pfirsiche waschen.
1½ Stunden vorher:	Die Musaka vorbereiten und in die Form füllen.
45 Minuten vorher:	Den Tisch decken. Zeit für Sie, sich zu erfrischen und umzuziehen.
10 Minuten vorher:	Den Backofen auf 200° vorheizen.
Kurz vorher:	Die Weinblätter anrichten. Die Musaka in den Ofen stellen.
Nach dem Aperitif:	Die Weinblätter servieren.
Nach der Vorspeise:	Die Musaka servieren.
Nach dem Hauptgericht:	Die Pfirsiche in Spalten schneiden, mit dem Honigjoghurt anrichten und servieren.

Gefüllte Weinblätter

Zutaten:
Salz
100 g Langkornreis
80 g Korinthen (oder kleine Rosinen)
1 Zitrone
½ Bund Petersilie
200 g Schafkäse
schwarzer Pfeffer, frisch gemahlen
150 g eingelegte Weinblätter
(etwa 20 Stück)
2 Eßl. Olivenöl
¼ l milde Gemüsebrühe
1 Fladenbrot (ersatzweise Weißbrot)

1. 200 ml nur ganz leicht gesalzenes Wasser aufkochen und den Reis hineinstreuen. Fest zugedeckt bei mittlerer Hitze in knapp 20 Minuten bißfest garen.

2. 60 g Korinthen kalt abbrausen und gut abtropfen lassen. Die Zitrone heiß abwaschen und halbieren. Vier Scheiben zum Garnieren abschneiden und beiseite legen. Die restliche Zitrone auspressen und die Korinthen im Saft marinieren.

3. Die Petersilie waschen, trockentupfen und fein hacken. Den Schafkäse klein würfeln. Etwa ein Viertel davon mit den marinierten Korinthen und der Petersilie unter den gegarten Reis mischen, mit Pfeffer würzen.

4. Die Weinblätter gründlich waschen. Nach und nach auf Küchenpapier ausbreiten, jeweils ½ Eßlöffel Reis auf das untere Ende geben und das Blatt aufrollen. Die Seiten dabei nach innen einschlagen.

5. Die Röllchen eng nebeneinander in einen Topf legen, das Olivenöl und die Brühe angießen. Die Röllchen zugedeckt bei schwacher Hitze etwa 30 Minuten köcheln lassen.

6. Anschließend den Topf vom Herd nehmen. Den Topf fest zudecken und die Röllchen im Sud lauwarm abkühlen lassen.

7. Zum Servieren die gefüllten Weinblätter auf vier Teller verteilen. Mit den Zitronenscheiben, den restlichen Korinthen und dem übrigen Schafkäse garnieren. Das Fladenbrot in Stücke schneiden und dazu reichen.

Musaka

Zutaten:
2 kleine Auberginen (etwa 600 g)
Salz
8 Eßl. Olivenöl
400 g mehligkochende Kartoffeln
500 g kleine Tomaten
2 Knoblauchzehen
2 Zwiebeln
1 Eßl. frische Oreganoblättchen (ersatzweise 2 Teel. getrockneter Oregano)
500 g Rinderhackfleisch
schwarzer Pfeffer, frisch gemahlen
300 g griechischer Joghurt (10%)
3 Eier
eventuell Alufolie

1. Die Auberginen waschen und in etwa ½ cm dicke Scheiben schneiden. Mit Salz bestreuen und etwa 30 Minuten ziehen lassen.

2. 4 Eßlöffel Öl in einer breiten Pfanne nicht zu stark erhitzen. Die Auberginenscheiben mit Küchenpapier trockentupfen, im Öl von beiden Seiten kurz anbraten und herausnehmen.

3. Die Kartoffeln schälen und waschen, in dünne Scheiben schneiden. Salzwasser aufkochen lassen, die Kartoffeln darin etwa 5 Minuten blanchieren. Dann gut abtropfen lassen.

4. Die Tomaten mit kochendem Wasser überbrühen, häuten und vierteln, dabei die Stielansätze entfernen. Den Knoblauch und die Zwiebeln schälen, beides fein würfeln. Den Oregano waschen und trockentupfen.

5. In der großen Pfanne weitere 3 Eßlöffel Öl erhitzen, den Knoblauch und die Zwiebeln darin kurz unter Rühren anbraten. Das Hackfleisch dazugeben und unter Rühren krümelig braten. Die Tomaten und den Oregano dazugeben, salzen und pfeffern. Offen bei mittlerer Hitze etwa 10 Minuten köcheln lassen, ab und zu umrühren.

6. Den Backofen auf 200° vorheizen. Eine große Bratreine oder eine Auflaufform mit dem restlichen Öl einfetten.

7. Den Joghurt mit den Eiern cremig aufschlagen und mit Salz und Pfeffer kräftig würzen.

8. Zwei Drittel der Hackfleischmasse in die Form füllen, die Kartoffel- und die Auberginenscheiben abwechselnd dachziegelartig darauf legen. Das restliche Hackfleisch und zuletzt die Joghurtmischung darüber verteilen.

9. Die Musaka im Ofen (Mitte) etwa 40 Minuten backen. Eventuell mit Alufolie abdecken, falls die Oberfläche zu dunkel wird.

Pfirsiche mit Honigjoghurt

Zutaten:
50 g Haselnußkerne
400 g griechischer Joghurt (10%)
60 g flüssiger Honig
1 Prise Zimtpulver
1 Teel. Zitronensaft
4 kleine, saftige Pfirsiche
frische Minze nach Belieben

1. Die Haselnußkerne grob hacken, in einer trockenen Pfanne unter Rühren anrösten. Aus der Pfanne nehmen.

2. Einige Nüsse beiseite stellen, die übrigen mit dem Joghurt, dem Honig, dem Zimt und dem Zitronensaft verrühren. Zugedeckt kalt stellen. Die Pfirsiche waschen und abreiben.

3. Zum Servieren die Pfirsiche halbieren, entsteinen und in Spalten schneiden. Mit dem Joghurt und nach Belieben frischer Minze anrichten und die beiseite gelegten Nüsse darüber streuen.

Italienisches Menü

Für 4 Personen

Vorspeise
Marinierte Zucchini mit Tomatenwürfeln und Pinienkernen

■

Zwischengang
Spaghetti mit Lachs und Spinat

■

Hauptgericht
Hasenragout, Weißbrot

■

Dessert
Panna cotta mit Feigen

Getränkeempfehlungen

- Als Aperitif und zur Vorspeise: gut gekühlter Prosecco, Spumante Brut oder Trentino Classico. Oder als Aperitif Campari, zur Vorspeise dann bereits den gleichen Weißwein wie zum Zwischengang
- Zum Zwischengang: kühler, trockener Weißwein, zum Beispiel Pinot Grigio oder Soave
- Zum Hauptgericht: Rotwein, zum Beispiel Valpolicella
- Nach dem Dessert: Espresso und Amaretti (italienische Mandelplätzchen), nach Geschmack Grappa

Tips zu diesem Menü

- Als Amuse gueule können Sie italienisches Weißbrot und Butter bereitstellen, oder nach Geschmack entweder Bruschetta (in Knoblauch geröstetes Weißbrot mit Tomaten) oder Crostini (Weißbrotscheiben mit Hühnerleber-, Kräuter- oder Tomatenpaste).
- Vorspeise, Hauptgericht und Dessert können bereits fertig sein, wenn die Gäste eintreffen. Nur der Zwischengang sollte frisch zubereitet werden.
- Wenn Sie geübt in der Gästebewirtung sind, können Sie den Hasen auch kurz vor dem Eintreffen der Gäste anbraten und frisch zubereitet servieren.
- Das Zerkleinern von Gewürzen im Mörser macht etwas Mühe. Sie können die Gewürze auch in einer ausrangierten elektrischen Kaffeemühle mahlen.
- Decken Sie den Tisch am besten in den italienischen Nationalfarben Grün, Rot und Weiß ein. Dann erkennen die Gäste auf den ersten Blick, was sie kulinarisch erwartet.
- Sind Ihnen vier Gänge zu aufwendig, lassen Sie die Spaghetti weg. Allerdings sollten Sie dann einen ganzen Hasen und zusätzlich zwei Hasenkeulen oder insgesamt sechs Keulen garen.
- Beim Menü für nur zwei Personen die Zutaten von Vorspeise, Zwischengericht und Dessert halbieren. Das Hauptgericht am besten komplett zubereiten. Reste können Sie einfrieren oder am nächsten oder übernächsten Tag aufwärmen.

Zeitplan

Am Vortag:	Die Panna cotta zubereiten.
Am Morgen:	Die Zucchini marinieren. Den Hasen zubereiten und zugedeckt kühl stellen.
2–3 Stunden vorher:	Für die Vorspeise die Tomaten würfeln und die Pinienkerne rösten. Für den Zwischengang den Lachs marinieren, den Spinat und die Sahnesauce vorbereiten.
1–2 Stunden vorher:	Den Tisch decken. Zeit für Sie, sich zu erfrischen und umzuziehen.
Nach dem Aperitif:	Wasser für die Spaghetti aufsetzen. Das Hasenragout bei milder ( ) Hitze auf den Herd stellen und die Oliven untermischen. Die marinierten Zucchini anrichten und servieren.
Nach der Vorspeise:	Das Hasenragout umrühren. Die Hitze nicht erhöhen, damit nichts anbrennt. Die Spaghetti kochen, gleichzeitig die Lachssauce zubereiten. Alles anrichten und servieren.
Nach dem Zwischengang:	Das Hasenragout abschmecken und anrichten. Das Brot aufschneiden und dazu servieren.
Nach dem Hauptgericht:	Die Feigen kleinschneiden, die Panna cotta anrichten und servieren.

CAMPARI
CALA

Marinierte Zucchini mit Tomatenwürfeln

Zutaten:
400 g kleine, schlanke Zucchini
einige frische Thymianblättchen
1 Zwiebel
4 Eßl. Olivenöl
2 Knoblauchzehen
6 Eßl. Balsamessig (Aceto Balsamico)
Salz
schwarzer Pfeffer, frisch gemahlen
2 kleine, feste Tomaten
25 g Pinienkerne
frischer Oregano nach Belieben

1. Die Zucchini waschen und putzen, dann in etwa ½ cm dicke, sehr schräge Scheiben schneiden. Den Thymian waschen und trockentupfen.

2. Die Zwiebel schälen und sehr fein würfeln. Das Öl in einer breiten Pfanne nicht zu stark erhitzen, die Zwiebelwürfel darin glasig werden lassen. Den Knoblauch schälen, in Scheiben schneiden oder dazupressen.

3. Die Zucchinischeiben nach und nach in dem heißen Öl von jeder Seite etwa ½ Minute braten, dann auf einen tiefen Teller legen.

4. Wenn alle Zucchinischeiben angebraten sind, die Pfanne vom Herd ziehen. Den Essig in die Pfanne geben, mit dem Bratenfond verrühren und mit Salz, Pfeffer und Thymian würzen. Über die Zucchini geben und alles vorsichtig vermengen. Die Zucchini gut zudecken und durchziehen lassen.

5. Die Tomaten waschen, halbieren, entkernen und dabei die Stielansätze entfernen. Dann fein würfeln. Die Pinienkerne in einer trockenen Pfanne goldbraun rösten.

6. Zum Servieren die Zucchinischeiben dekorativ auf vier Tellern arrangieren und die Marinade darüber geben. Die Tomatenwürfel, Pinienkerne und nach Belieben einige Oreganoblättchen darauf streuen. Pfeffer direkt aus der Mühle darüber mahlen.

Spaghetti mit Lachs und Spinat

Zutaten:
1 Limette
300 g Lachsfilet
100 g Blattspinat
250 g Sahne
Salz
weißer Pfeffer, frisch gemahlen
Muskatnuß, frisch gerieben
250 g Spaghetti
einige Basilikumblättchen nach Belieben

1. Die Limette heiß abwaschen, die Schale abreiben und den Saft auspressen. Den Lachs kalt abbrausen, trockentupfen und in 1–2 cm große Würfel schneiden. Mit dem Limettensaft und der Limettenschale vermischen. Zugedeckt kalt stellen.

2. Den Spinat gründlich waschen, verlesen, putzen und dann grob hacken.

3. Die Sahne in einen Topf gießen, mit Salz, Pfeffer und Muskat würzen. Zur Seite stellen.

4. Reichlich Salzwasser für die Nudeln aufkochen lassen.

5. Zum Servieren die Spaghetti in das kochende Wasser geben und nach der Packungsbeschreibung »al dente« kochen.

6. Gleichzeitig die Sahnesauce aufkochen lassen, den Spinat und den Lachs hineingeben und alles 2–3 Minuten köcheln lassen.

7. Die Spaghetti gut abtropfen lassen und in vier tiefe Teller verteilen. Die Lachssauce jeweils in die Mitte geben und nach Belieben mit Basilikum garnieren.

Hasenragout

1 Wild- oder Stallhase (etwa 2 kg) oder
4 ungespickte Hasenkeulen
2 Teel. Wacholderbeeren
2–3 Teel. getrockneter Rosmarin
2–3 Teel. getrockneter Thymian
Salz
schwarzer Pfeffer, frisch gemahlen
250 g Schalotten
5 Eßl. Olivenöl
¼ l trockener Rotwein (zum Beispiel Valpolicella)
1 Dose geschälte Tomaten (850 g)
100 g entsteinte, schwarze Oliven
1 Weißbrot (am besten italienisches)

1. Den ganzen Hasen in Portionsstücke hacken. Die Teile kalt abbrausen, gut trockentupfen und dann möglichst sorgfältig häuten.

2. Die Wacholderbeeren, den Rosmarin und den Thymian im Mörser zerstoßen, mit Salz und Pfeffer vermischen. Die Hasenteile damit rundherum einreiben.

3. Die Schalotten schälen und etwas kleiner schneiden.

4. Das Öl in einem breiten, hohen Schmortopf erhitzen. (Eventuell zwei Töpfe verwenden.) Die Hasenteile darin nach und nach rundherum anbraten. Zum Schluß die Schalotten kurz mitbraten.

5. Den Wein angießen und zum größten Teil wieder verdampfen lassen, dann die Tomaten mit Saft dazugeben. Die Tomaten mit einem Kochlöffel zerdrücken, alles salzen und pfeffern. Zugedeckt bei schwacher Hitze etwa 20 Minuten köcheln lassen. Das Ragout abkühlen lassen und zugedeckt kühl stellen.

6. Zum Servieren das Hasenragout bei schwacher Hitze wieder aufwärmen. Die Oliven darunterrühren. Das Ragout würzig abschmecken und in eine große Schüssel geben.

7. Das Weißbrot in Scheiben schneiden und als Beilage dazu servieren.

Panna cotta mit Feigen

Zutaten:
1 Vanilleschote
500 g Sahne
2 Eßl. Zucker
3 Blatt weiße Gelatine
4 frische Feigen
einige Minzeblättchen

1. Die Vanilleschote aufschlitzen und das Mark herauskratzen. Schote und Mark mit der Sahne und dem Zucker in einem Topf verrühren. Aufkochen und 15–20 Minuten leicht köcheln lassen.

2. Inzwischen die Gelatine in kaltem Wasser einweichen.

3. Die Vanilleschote aus der Sahne nehmen. Die Gelatine ausdrücken und in der heißen Sahne auflösen. In eine Schüssel oder vier kleine Förmchen gießen, mindestens 3 Stunden (oder am besten über Nacht) im Kühlschrank erstarren lassen.

4. Zum Servieren das Gelee mit zwei Löffeln zu Klößchen oder Nocken formen oder aus den Förmchen stürzen. Auf Desserttellern arrangieren.

5. Die Feigen in Spalten oder Scheiben schneiden und dazulegen. Mit Minzeblättchen, nach Belieben in schmale Streifen geschnitten, garnieren.

Asiatisches Menü

Für 2 Personen

Vorspeise
Frühlingsrollen mit Hähnchenbrustfilet in Sojasauce

■

Hauptgericht
Garnelencurry mit Reis

■

Dessert
Lychee-Mango-Salat

Getränkeempfehlungen

- Als Aperitif: warmer Reiswein
- Zu den Speisen: Asiaten trinken zum Essen gewöhnlich Tee, am liebsten grünen Tee. Probieren Sie dies ebenfalls. Ansonsten paßt kühles Pils am besten. Möchten Sie Wein dazu trinken, wählen Sie leichten, kühlen Weißwein, beispielsweise einen Frascati oder einen jungen Müller-Thurgau.
- Nach dem Dessert: Pflaumenwein

Tips zu diesem Menü

- Mit dem Wok können Sie wie gewohnt in der Küche kochen, Sie können das Hauptgericht jedoch auch am Tisch zubereiten. Voraussetzung ist allerdings, daß Sie für Ihren Wok einen guten, mehrflammigen Rechaud besitzen, sonst reicht die Hitze zum Garen nicht aus. Wenn Sie keinen Wok besitzen, bereiten Sie das Hauptgericht in einer großen, tiefen Pfanne zu.
- Tiefgekühlte Frühlingsrollenplatten (Spring Roll Pastry) bekommen Sie, wie auch die anderen asiatischen Zutaten, in Asienshops oder speziellen Abteilungen der Kaufhäuser und Supermärkte. Um vier Platten abnehmen zu können, lassen Sie den ganzen Stapel etwas antauen und frieren Sie die restlichen wieder ein. Anstelle dieser Teigplatten können Sie ersatzweise kleine, dünne Pfannkuchen backen und füllen.
- Einen Kokoscreme-Ersatz können Sie so herstellen: 100 g getrocknete Kokosraspel mit 100 ml heißem Wasser übergießen, kurz quellen lassen und dann ausdrücken.
- Statt mit Garnelen können Sie das Curry auch mit klein gewürfeltem Schweine- oder Putenfilet zubereiten. Das Fleisch muß dann etwas länger in der Wokmitte angebraten werden.
- Wenn Sie keine frischen Lychees bekommen, mischen Sie die Mango am besten mit frischer Ananas.

Zeitplan

2½ Stunden vorher:	Den Tisch decken.
2 Stunden vorher:	Die Frühlingsrollen zubereiten.
1½ Stunden vorher:	Alle Zutaten für das Hauptgericht vorbereiten und zugedeckt bereitstellen.
1 Stunde vorher:	Den Lychee-Mango-Salat zubereiten und zugedeckt kalt stellen.
30 Minuten vorher:	Zeit für Sie, sich zu erfrischen und umzuziehen.
10 Minuten vorher:	Wasser für den Reis aufkochen. Den Reis hineinstreuen und zugedeckt bei sehr schwacher Hitze ausquellen lassen.
Nach dem Aperitif:	Das Öl für die Frühlingsrollen erhitzen, die Frühlingsrollen darin aufbacken und dann servieren.
Nach der Vorspeise:	Das Garnelencurry zubereiten und mit dem Reis servieren.
Nach dem Hauptgericht:	Das Dessert anrichten.

Frühlingsrollen mit Hähnchenbrust

Zutaten:
4 Frühlingsrollen-Teigplatten (tiefgekühlt)
1 Knoblauchzehe
1 kleines Stück Ingwer
Sojasauce
2 Eßl. Sojaöl
weißer Pfeffer, frisch gemahlen
1 Hähnchenbrustfilet (etwa 80 g)
1 kleine Möhre
1 Frühlingszwiebel
50 g frische Bohnenkeime
Zum Ausbacken: Öl

1. Die Teigplatten zugedeckt auftauen lassen.

2. Für die Füllung den Knoblauch und den Ingwer schälen und fein hacken, in einer Schüssel mit 3 Eßlöffel Sojasauce, dem Sojaöl und Pfeffer verquirlen.

3. Das Hähnchenbrustfilet kalt abwaschen, trockentupfen und in sehr feine Streifen schneiden. Die Möhre putzen und schälen, die Frühlingszwiebel waschen und putzen und beides in sehr feine Stifte schneiden. Die Bohnenkeime kalt abbrausen und abtropfen lassen. Alle Gemüse und das Fleisch in der Sojamarinade wenden.

4. Eine kleine Pfanne stark erhitzen, die Hähnchen-Gemüse-Mischung darin unter Rühren etwa 2 Minuten braten, dann wieder herausnehmen.

5. Die Teigplatten ausbreiten. Jeweils ein Viertel der Füllung auf die Teigplatten geben. Die Platten aufrollen, dabei die Seiten nach innen einschlagen, damit die Füllung eingeschlossen ist. Die Kanten mit Wasser befeuchten und gut festdrücken.

6. Öl zum Fritieren in einem kleinen Topf erhitzen. Die Frühlingsrollen darin in etwa 4 Minuten goldbraun fritieren. Herausheben und auf Küchenpapier abtropfen lassen.

7. Zum Servieren die Frühlingsrollen im heißen Öl noch einmal etwa 1 Minute aufbacken. Mit Sojasauce servieren.

Garnelencurry mit Reis

Zutaten:
200 g frische, kleine Maiskölbchen (ersatzweise aus der Dose, etwa 400 g Gesamtinhalt)
Salz
½ Bund Frühlingszwiebeln
125 g frische Bohnenkeime
1 kleine Möhre
2 Knoblauchzehen
1 walnußgroßes Stück Ingwer
200 g geschälte, gekochte Riesengarnelen
80 g Kokoscreme am Stück
2 Teel. Currypaste
5 Eßl. Fischsauce
5 Eßl. Sojasauce
100 ml Hühnerbrühe
2 Teel. flüssiger Honig
125 g weißer Reis (möglichst Duftreis oder Basmatireis)
2 Eßl. Öl
frischer Koriander nach Belieben

1. Die Maiskölbchen waschen, in leicht gesalzenem Wasser zugedeckt etwa 7 Minuten vorkochen und dann gut abtropfen lassen. Maiskolben aus der Dose abtropfen lassen.

2. Die Frühlingszwiebeln putzen und waschen, in schräge, knapp ½ cm breite Ringe schneiden. Die Bohnenkeime in einem Sieb kalt abbrausen und gut abtropfen lassen. Die Möhre schälen, waschen und in dünne, schräge Scheiben schneiden. Den Knoblauch und den Ingwer schälen und fein hacken.

3. Die Garnelen in einem Sieb kalt abbrausen und gut abtropfen lassen.

4. Die Kokoscreme raspeln und in einer Schüssel mit 2 Eßlöffel heißem Wasser glattrühren. Die Currypaste, die Fischsauce, die Sojasauce, die Brühe und den Honig unterrühren.

5. Etwa ¼ l Wasser in einem Topf aufkochen lassen und leicht salzen. Den Reis hineinstreuen, verrühren, die Hitze fast auf Null reduzieren. Den Topf fest zudecken und den Reis etwa 25 Minuten ausquellen lassen.

6. Zum Servieren das Öl in den Wok geben und erhitzen. Den Knoblauch und den Ingwer darin ganz kurz anbraten, dann das restliche vorbereitete Gemüse dazugeben und unter ständigem Rühren etwa 2 Minuten braten.

7. Das Gemüse an den Rand schieben, die Garnelen in der Wokmitte von jeder Seite kurz anbraten. Die vorbereitete Currysauce in den Wok gießen, alle Zutaten vermengen und noch etwa 1 Minute unter ständigem Rühren garen. Nach Belieben mit Koriander garnieren. Mit dem Reis servieren.

Lychee-Mango-Salat

Zutaten:
½ Limette
1 Eßl. flüssiger Honig
200 g Lychees
1 reife Mango
frische Minze nach Belieben

1. Die Limette auspressen und den Saft gründlich mit dem Honig verquirlen.

2. Die Lychees aus der harten Schale lösen, dann den Stein aus der Mitte herauslösen. Die Mango schälen und das Fruchtfleisch in Spalten vom Stein schneiden.

3. Die Lychees und die Mangostücke in der Limettensauce wenden und zugedeckt kalt stellen.

4. Zum Servieren die Mangospalten und die Lychees zusammen auf Tellern anrichten und nach Belieben mit Minzeblättchen verzieren.

Ungewöhnliche Menüs

Ist gerade Spargelzeit? Dann überraschen Sie Ihren Besuch mit einem Menü rund um das Edelgemüse. Möchten Sie Ihre Gäste vegetarisch verwöhnen? Ideen für ein Menü mit vier Gängen finden Sie auf den nächsten Seiten. Auch Fisch-Fans kommen mit einem Menüvorschlag auf ihre Kosten.

Spargelmenü

Für 4 Personen

Vorspeise
Spargelmousse mit Melone, Baguette

■

Zwischengang
Spargelcremesuppe mit Tatarklößchen

■

Hauptgericht
Spargelpäckchen mit Mangold und Lachs, Zitronenhollandaise und Kartoffeln

■

Dessert
Erdbeeren in Rhabarbergelee mit Sahne

Getränkeempfehlungen

- Als Aperitif: Erdbeer-Cocktail; dafür 125 g Erdbeeren pürieren, in Sektgläser geben und mit gut gekühltem Sekt aufgießen
- Von der Vorspeise bis zum Hauptgericht: der gleiche Wein, zum Beispiel trockene Riesling-Spätlese oder Chardonnay
- Nach dem Dessert: Kaffee und Obstbrand oder Orangenlikör

Zeitplan

Am Morgen:	Den weißen Spargel schälen, in ein feuchtes Küchentuch wickeln und in den Kühlschrank legen. Aus den Spargelschalen und -abschnitten den Sud für die Suppe bereiten. Die Spargelmousse zubereiten. Das Dessert zubereiten.
2½ Stunden vorher:	Für das Hauptgericht den weißen Spargel kochen, die Kartoffeln schälen und den Mangold blanchieren. Den Lachs marinieren und zugedeckt kühl stellen.
2 Stunden vorher:	Die Spargelcremesuppe zubereiten. Die Tatarklößchen formen und zugedeckt kühl stellen.
1½ Stunden vorher:	Für die Vorspeise die Melonenkugeln ausstechen und zugedeckt kühl stellen.
1 Stunde vorher:	Den Tisch decken. Zeit für Sie, sich zu erfrischen und umzuziehen.
Kurz vorher:	Die Zutaten für die Hollandaise bereitstellen.
Nach dem Aperitif:	Den Backofen auf 150° vorheizen. Die Vorspeise anrichten und servieren.
Nach der Vorspeise:	Die Suppe wieder aufkochen lassen. Zum Aufschlagen der Hollandaise einen Topf mit Wasser bei schwacher Hitze auf den Herd stellen. Die Kartoffeln aufsetzen. Den Spargel mit dem Mangold und dem Lachs einschichten und in den Ofen stellen. Die Suppe abschmecken, mit den Tatarklößchen anrichten und servieren.
Nach dem Zwischengang:	Die Hollandaise aufschlagen und das Hauptgericht servieren.
Nach dem Hauptgericht:	Die Sahne steif schlagen, das Dessert damit garnieren und servieren.

Tips zu diesem Menü

- Wenn Ihnen drei Spargelgerichte zuviel sind, ersetzen Sie die Spargelcremesuppe durch eine Kräuter- oder Pilzcremesuppe.
- Dauert Ihnen die Zubereitung zu lange? Dann ersetzen Sie das Hauptgericht durch die klassische Kombination von Spargel und geräuchertem Schinken. Sie paßt ebenso gut in dieses Menü. Kaufen Sie pro Person etwa 100 g Schinken.
- Weißer oder grüner Spargel? Der grüne Spargel ist etwas kräftiger und aromatischer im Geschmack als der weiße. Beim Putzen von grünem Spargel entsteht weniger Abfall, denn die Stangen werden nur im unteren Drittel geschält.
- Grüner Spargel ist schneller gar als weißer. Er braucht, je nach Dicke der Stangen, nur etwa 8–10 Minuten Zeit zum Garen.
- Wenn Sie nur drei Gänge servieren möchten, dann entscheiden Sie sich zwischen Mousse und Suppe. Erhöhen Sie dann die Mengen beim Hauptgericht ein wenig.
- Möchten Sie sechs Personen mit dem Spargelmenü bewirten, sollten Sie von Mousse, Suppe und Dessert etwa die Hälfte mehr, vom Hauptgericht nur etwa ein Drittel mehr zubereiten.

Spargelmousse mit Melone

Zutaten:
500 g grüner Spargel
2 Teel. Butter
Salz
Zucker
5 Blatt weiße Gelatine
weißer Pfeffer, frisch gemahlen
2–3 Teel. Zitronensaft
1 Eiweiß
125 g Sahne
1 kleine Zuckermelone (zum Beispiel Cantaloupe)
einige Blättchen Kerbel
1 Baguette (250 g)

1. Den Spargel waschen, putzen und nur das untere Drittel schälen. Die Stangen in je drei Stücke schneiden. In einem Topf knapp mit kaltem Wasser bedecken, die Butter, Salz und etwas Zucker dazugeben. Aufkochen lassen und bei schwacher Hitze in etwa 12 Minuten gar kochen lassen.

2. Die Gelatine nach der Packungsbeschreibung in kaltem Wasser einweichen.

3. Den Spargel abtropfen lassen, die Spargelköpfe zugedeckt in den Kühlschrank stellen. Den übrigen Spargel sehr fein pürieren, die Gelatine tropfnaß dazugeben und in der heißen Spargelmasse auflösen. Die Masse mit Salz, Pfeffer und dem Zitronensaft pikant abschmecken, dann kühl stellen.

4. Sobald die Spargelmasse zu gelieren beginnt, das Eiweiß und die Sahne getrennt steif schlagen und unter die Spargelmasse heben. Die Mousse zugedeckt im Kühlschrank erstarren lassen.

5. Die Melone halbieren, die Kerne und die Fasern entfernen. Vom Fruchtfleisch Kugeln ausstechen und zugedeckt beiseite stellen.

6. Zum Servieren die Spargelmousse mit zwei Eßlöffeln zu Nocken formen und auf vier Teller verteilen. Die Spargelköpfe und die Melonenkugeln dazugeben, mit etwas Pfeffer bestreuen und mit Kerbelblättchen garnieren. Das Baguette dazu reichen.

Spargelcremesuppe mit Tatarklößchen

Zutaten:
Spargelschalen und -abschnitte von 1½ kg Spargel (vom Hauptgericht)
55 g Butter
Salz
Zucker
35 g Mehl
100 g Crème fraîche
1–2 Eßl. Zitronensaft
weißer Pfeffer, frisch gemahlen
250 g Tatar
einige Blättchen Kerbel

1. Die Spargelschalen und -abschnitte mit 1 Teelöffel Butter, Salz und Zucker in einen Topf geben und knapp mit Wasser bedecken. Bei schwacher Hitze etwa 45 Minuten köcheln lassen, dann durch ein Sieb gießen. Den Sud eventuell mit dem Spargelwasser des Hauptgerichts auf 1 l auffüllen.

2. Die restliche Butter in einem Topf aufschäumen lassen, das Mehl einstreuen und unter Rühren goldgelb anschwitzen. Nach und nach den Spargelsud unterrühren, dann die Crème fraîche unterziehen. Die Suppe etwa 10 Minuten bei schwacher Hitze köcheln lassen, mit dem Zitronensaft, Salz und Pfeffer abschmecken.

3. Das Tatar mit Salz und Pfeffer abschmecken, zu Klößchen formen und zugedeckt bis zum Servieren kühl stellen.

4. Zum Servieren die Suppe wieder aufkochen lassen, nochmals abschmecken und in vier Teller verteilen. Die Tatarklößchen hineingeben und mit Kerbel bestreuen.

Tip!
Wer keine rohen Klößchen mag, läßt die Klöße vor dem Kühlstellen kurz in heißem Wasser gar ziehen.

Spargelpäckchen mit Mangold und Lachs

Zutaten:
1½ kg weißer Spargel
200 g Butter
Salz
Zucker
500 g kleine Kartoffeln
300 g zarter Mangold (ersatzweise Spinat)
1 unbehandelte Zitrone
400 g Lachsfilet
weißer Pfeffer, frisch gemahlen
4 Eigelb

1. Den Spargel waschen, putzen und schälen.

2. In einem breiten Topf Wasser mit 1 Eßl. Butter, Salz und etwas Zucker aufkochen lassen. Die Spargelstangen hineinlegen und darin knapp gar kochen lassen. Je nach Dicke dauert das 12–18 Minuten. Die Stangen gut abtropfen lassen. (Den Sud eventuell noch für die Suppe verwenden.)

3. Die Kartoffeln waschen und schälen, in einer Schüssel mit Wasser bedecken und zur Seite stellen.

4. Den Mangold waschen und putzen, bei groben Stangen die harten Stiele keilförmig herausschneiden. Die Blätter kurz in reichlich kochendes Salzwasser geben, sofort wieder in ein Sieb abgießen und gut abtropfen lassen.

5. Die Zitrone heiß abwaschen, abtrocknen, die Schale abreiben und den Saft auspressen.

6. Das Lachsfilet kalt abwaschen und trockentupfen. In vier Portionsstücke schneiden, mit etwas Zitronensaft beträufeln, salzen und pfeffern. Zugedeckt kühl stellen. Den restlichen Zitronensaft und die Zitronenschale für die Hollandaise beiseite stellen.

7. Die restliche Butter in einem kleinen Topf bei schwacher Hitze zerlassen. In ein hohes Kännchen umgießen und zur Seite stellen.

8. Den Backofen auf 150° vorheizen.

9. Die Kartoffeln 20–25 Minuten in Salzwasser garen.

10. Den Spargel in vier Portionen teilen, jede Portion in der Mitte mit dem Mangold umwickeln. Die Päckchen nebeneinander in eine große Auflaufform legen, die Lachsstücke darauf legen. Die Form zudecken (eventuell mit Alufolie) und in den Ofen (Mitte) stellen. Alles in etwa 25 Minuten garen.

11. Zum Servieren für die Hollandaise in einer feuerfesten Schüssel die Eigelbe mit etwas Salz, Pfeffer, der Zitronenschale und dem restlichen Zitronensaft verrühren. Auf ein heißes Wasserbad stellen und kräftig aufschlagen, dabei nach und nach die zerlassene Butter dazugießen. Die weiße Molke der Butter im Kännchen zurücklassen.

12. Die Hollandaise nochmals abschmecken, die Kartoffeln abtropfen lassen und beides mit dem Spargel anrichten.

Erdbeeren in Rhabarbergelee

Zutaten:
400 g Rhabarber
4 Eßl. Zucker
1 kleine unbehandelte Zitrone
5 Blatt weiße Gelatine
250 g kleine Erdbeeren
100 g Sahne
1 Päckchen Vanillezucker

1. Den Rhabarber waschen und putzen, die Stangen kleinschneiden und zusammen mit dem Zucker und ⅛ l Wasser in einen Topf geben.

2. Die Zitrone heiß abwaschen, abtrocknen, die Schale fein abreiben, den Saft auspressen und beides zum Rhabarber geben. Den Topf zudecken und den Rhabarber bei mittlerer Hitze etwa 10 Minuten köcheln lassen.

3. Die Gelatine nach der Packungsbeschreibung in kaltem Wasser einweichen. Den Rhabarber in ein Sieb abgießen, den Saft gut abtropfen lassen und zusätzlich den Rhabarber ausdrücken. Die Gelatine in dem heißen Rhabarbersaft auflösen.

4. Die Erdbeeren waschen. 4 schöne Früchte mit Grün beiseite legen, die restlichen Erdbeeren putzen und halbieren. Die Beeren in vier Dessertgläser verteilen und den Rhabarbersaft darüber gießen. Zugedeckt im Kühlschrank gelieren lassen.

5. Zum Servieren die Sahne steif schlagen, mit dem Vanillezucker süßen und auf das Rhabarbergelee spritzen oder löffeln. Die beiseite gelegten Erdbeeren darauf setzen.

Vegetarisches Menü

Für 4 Personen

Vorspeise
Avocadosuppe mit Tomatenwürfeln

■

Zwischengang
Bandnudeln mit Kürbiskernen

■

Hauptgericht
Rübenfrikassee mit gebratenen Polentaschnitten

■

Dessert
Grapefruit-Kefir-Creme

Getränkeempfehlungen

- Als Aperitif: Campari oder Aperol auf Eis mit etwas Bitter Lemon
- Von der Vorspeise bis zum Hauptgericht: nicht zu kräftiger Rotwein, zum Beispiel Marzemino aus dem Trentin
- Zum Dessert: trockener Sekt

Tips zu diesem Menü

- Die Avocados für die Suppe müssen gut reif sein, sonst lassen sie sich nicht oder nur schlecht pürieren. Da sehr oft noch unreife, harte Avocados angeboten werden, kaufen Sie sie gegebenenfalls rechtzeitig ein. Die Früchte reifen in wenigen Tagen nach.
- Kürbiskernöl hat ein sehr kräftiges Aroma. Es verleiht dem Nudelgericht einen ganz besonderen Geschmack, ersetzen Sie es deshalb nicht durch anderes Öl. Sie bekommen Kürbiskernöl in Spezialitätenläden. Viele Supermärkte bieten aber inzwischen auch kleine Flaschen verschiedenster feiner Öle an. Sollten Sie kein Kürbiskernöl bekommen, können Sie die Nudeln mit Walnußöl und Walnüssen abwandeln.
- Möchten Sie einen fünften Gang einschieben? Dann reichen Sie nach dem Hauptgericht eine kleine Käseplatte. Wenn Sie dann zusätzlich vor der Suppe einen Salat anbieten, haben Sie im Nu ein umfangreiches Sechs-Gänge-Menü zusammen. Es reicht dann für sechs Personen.

Zeitplan

3–4 Stunden vorher:	Die Polenta kochen. Für das Dessert die Grapefruit-Kefir-Creme zubereiten. Die Polenta in eine Form umfüllen und erkalten lassen. Die Sahne steif schlagen, unter die Grapefruit-Kefir-Creme heben und die Creme kalt stellen.
2 Stunden vorher:	Den Tisch decken. Zeit für Sie, sich zu erfrischen und umzuziehen.
1 Stunde 10 Minuten vorher:	Für den Zwischengang die Nudeln kochen und unter Wasser abkühlen, alle anderen Zutaten für diesen Gang ebenfalls vorbereiten.
50 Minuten vorher:	Für das Hauptgericht die Rüben blanchieren und die Sauce für das Frikassee zubereiten.
15 Minuten vorher:	Die Avocadosuppe zubereiten und bei sehr schwacher Hitze warm halten.
Nach dem Aperitif:	Die Suppe anrichten und servieren.
Nach der Vorspeise:	Die Nudeln erwärmen, anrichten und servieren.
Nach dem Zwischengang:	Das Gemüse in der Sauce wieder erwärmen. Die Polenta stürzen, in Stücke schneiden und kurz in Butter braten. Alles zusammen anrichten und servieren.
Nach dem Hauptgericht:	Das Dessert anrichten und servieren.

Avocadosuppe mit Tomatenwürfeln

Zutaten:
2 kleine, feste Tomaten
2 reife Avocados
2 Eßl. Zitronensaft
¼ l Milch
¼ l milde Gemüsebrühe
Salz
schwarzer Pfeffer, frisch gemahlen
Tabasco
einige Blättchen frische Minze

1. Die Tomaten waschen, halbieren, entkernen und dabei die Stielansätze entfernen. Die Tomaten klein würfeln.

2. Die Avocados halbieren und entsteinen. Das Fruchtfleisch aus den Schalen lösen und sofort zusammen mit dem Zitronensaft pürieren.

3. Die Milch und die Gemüsebrühe aufkochen lassen, nach und nach das Avocadopüree unterrühren. Die Suppe bei sehr schwacher Hitze auf dem Herd lassen. Mit Salz, Pfeffer und einigen Tropfen Tabasco abschmecken.

4. Zum Servieren die Suppe in Suppentassen umfüllen, die Tomatenwürfel darauf streuen und mit Minzeblättchen garnieren.

Bandnudeln mit Kürbiskernen

Zutaten:
Salz
250 g Bandnudeln
1 Bund Basilikum
60 g Kürbiskerne mit dunkler Schale
40 g Butter
4 Eßl. Kürbiskernöl
schwarzer Pfeffer, frisch gemahlen
30 g Parmesan, frisch gerieben

1. Reichlich Salzwasser aufkochen lassen und die Nudeln darin nach der Packungsbeschreibung nur knapp bißfest garen. In ein Sieb abgießen, gut unter kaltem Wasser abkühlen, damit sie nicht durch Eigenhitze weitergaren. Dann gut abtropfen lassen.

2. Das Basilikum waschen, einige schöne Blättchen zum Garnieren beiseite legen. Das restliche Basilikum in Streifen schneiden. Die Kürbiskerne grob hacken.

3. Zum Servieren die Butter und das Kürbiskernöl in einer breiten Pfanne leicht erwärmen, mit Salz und Pfeffer würzen. Das gehackte Basilikum und die Kürbiskerne hineinrühren. Dann die Nudeln daruntermischen und kurz in der Pfanne erwärmen. Auf vier Teller verteilen, den Käse darauf streuen und mit den Basilikumblättchen garnieren.

Rübenfrikassee mit Polentaschnitten

Zutaten:
625 ml milde Gemüsebrühe
75 g Butter
130 g feiner Maisgrieß (Polenta)
400 g Möhren
400 g weiße Rübchen
Salz
35 g Mehl
¼ l Milch
schwarzer Pfeffer, frisch gemahlen
1 Bund glatte Petersilie

1. Für die Polenta 375 ml Brühe zusammen mit 2 Teelöffel Butter in einem breiten Topf aufkochen lassen. Den Maisgrieß einrieseln lassen und unter häufigem Rühren bei sehr schwacher Hitze etwa 30 Minuten garen. Anschließend in eine kalt ausgespülte, eckige Form umfüllen, darin glattstreichen und erkalten lassen.

2. Für das Frikassee die Möhren und die Rübchen waschen, putzen und in schräge Scheiben schneiden. Reichlich Salzwasser aufkochen lassen, die Gemüsescheiben darin etwa 5 Minuten vorgaren. Abtropfen und abkühlen lassen, zugedeckt beiseite stellen.

3. 35 g Butter in einem breiten Topf aufschäumen, das Mehl hineinstreuen und unter Rühren anschwitzen. Nach und nach die Milch und die übrige Brühe hineinrühren. Die Sauce etwa 10 Minuten bei schwacher Hitze köcheln lassen.

4. Die Petersilie waschen und fein hacken, einige Blättchen zum Garnieren beiseite legen.

5. Zum Servieren die Sauce wieder aufkochen lassen, die gehackte Petersilie und das Gemüse untermengen. Das Frikassee mit Salz und Pfeffer abschmecken. Die Polenta aus der Form stürzen und in mundgerechte Dreiecke oder andere Stücke schneiden. Die restliche Butter in einer breiten Pfanne aufschäumen, die Polentastücke darin von allen Seiten goldbraun braten.

6. Das Frikassee zusammen mit den Polentastücken anrichten und mit den Petersilienblättchen garnieren.

Grapefruit-Kefir-Creme

Zutaten:
1 Tütchen gemahlene oder 6 Blatt weiße Gelatine
2 große Grapefruits
250 g Kefir
3 Eßl. Zucker
100 g Sahne
frische Minze nach Belieben

1. Die Gelatine nach der Packungsbeschreibung in kaltem Wasser einweichen.

2. 1 Grapefruit waschen und gut abtrocknen, etwas Schale fein abreiben. Die Frucht dann sorgfältig filetieren und die Filets zugedeckt in den Kühlschrank legen. Von der anderen Grapefruit den Saft auspressen.

3. Den Grapefruitsaft mit der abgeriebenen Grapefruitschale, dem Kefir und dem Zucker verrühren. Die Gelatine tropfnaß in einen kleinen Topf geben, bei schwacher Hitze auflösen und unter die Creme rühren.

4. Die Creme kalt stellen, bis sie zu gelieren beginnt. Dann die Sahne steif schlagen und unterheben. Die Creme in vier breite Dessertschälchen verteilen und kühl stellen.

5. Zum Servieren die Grapefruitfilets auf die Creme legen und nach Belieben mit einigen Minzeblättchen verzieren.

Fischmenü

Für 4 Personen

Vorspeise
Broccolitimbals mit Gambas

■

Zwischengang
Schollenröllchen mit Fenchel-Kartoffel-Sauce

■

Hauptgericht
Lachsforelle in Weinsahne, grüne Bandnudeln

■

Dessert
Nektarinen-Johannisbeer-Salat mit Eis

Getränkeempfehlungen

- Als Aperitif, zur Vorspeise und zum Zwischengang: trockener, deutscher Winzersekt, zum Beispiel aus der Rheinpfalz
- Zum Hauptgericht oder bereits zum Zwischengang: trockene Riesling Spätlese aus dem Rheingau
- Zum Dessert: edelsüße Riesling Beerenauslese
- Nach dem Dessert: Kaffee und Obstbrand, zum Beispiel Marillengeist

Tips zu diesem Menü

- Die Lachsforelle sollten Sie vorbestellen – nur so können Sie sicher sein, einen frischen Fisch in der gewünschten Größe zu bekommen.
- Anstelle eines großen Fisches können Sie auch zwei kleinere Lachsforellen oder vier Portionsfische (zum Beispiel Forellen) auf die gleiche Art zubereiten. Die Fische nebeneinander in eine Auflaufform setzen und mit Weinsahne umgießen. Portionsfische brauchen nur etwa 15 Minuten Zeit zum Garen.

Zeitplan

2½ Stunden vorher:	Die Broccolitimbals zubereiten.
1¾ Stunden vorher:	Den Nektarinen-Johannisbeer-Salat zubereiten und kühl stellen.
1½ Stunden vorher:	Für den Zwischengang die Fenchel-Kartoffel-Sauce kochen. Die Schollenröllchen vorbereiten und alles zugedeckt kühl stellen.
1 Stunde vorher:	Die Lachsforelle vorbereiten, in die Form setzen und kühl stellen. Die Weinsahne anrühren.
40 Minuten vorher:	Den Tisch decken. Zeit für Sie, sich zu erfrischen und umzuziehen.
Nach dem Aperitif:	Den Backofen auf 200° vorheizen. Die Broccolitimbals anrichten und servieren.
Nach der Vorspeise:	Die Schollenröllchen garen. Die Sahnesauce zur Lachsforelle gießen und die Form in den Ofen schieben. Wasser für die Nudeln aufsetzen. Die Schollenröllchen mit der Sauce anrichten und servieren.
Nach dem Zwischengang:	Die Nudeln kochen. Die Sahnesauce einkochen lassen, die Lachsforelle anrichten und servieren.
Nach dem Hauptgericht:	Den Nektarinen-Johannisbeer-Salat anrichten und servieren.

- Wenn für Nektarinen und Johannisbeeren keine Saison ist, servieren Sie einen Salat aus anderen frischen Früchten. Gut harmonieren Erdbeeren und gedünsteter Rhabarber, im Winter passen Weintrauben und Birnen gut zusammen.
- Bei einem Drei-Gänge-Menü entscheiden Sie sich zwischen Broccolitimbals und Schollenröllchen. Erhöhen Sie dann die Mengen des Hauptgerichtes ein wenig.
- Sind Ihnen drei Fischgerichte zuviel, beginnen Sie das Menü mit einem feinen Salatteller.

Broccolitimbals mit Gambas

Zutaten:
4 Eßl. Mandelblättchen
400 g Broccoli
Salz
50 g Sahne
1 Ei
1 Eigelb
schwarzer Pfeffer, frisch gemahlen
Muskatnuß, frisch gerieben
8 geschälte und gegarte Gambas
Für die Förmchen und die Folie: Fett
Alufolie

1. Die Mandelblättchen in einer Pfanne ohne Fett rösten, bis sie eine goldbraune Farbe haben, dann herausnehmen und beiseite stellen.

2. Den Broccoli putzen, die Stiele schälen und kleinschneiden, die Röschen abtrennen und zerteilen. Etwas Salzwasser in einem Topf aufkochen lassen, die Stiele hineingeben und etwa 5 Minuten garen, dann die Röschen dazugeben. Alles noch etwa 4 Minuten zugedeckt köcheln lassen.

3. Den Broccoli gut abtropfen lassen. Einige kleine Röschen zum Garnieren beiseite legen, den restlichen Broccoli pürieren. Das Püree mit der Sahne, dem Ei und dem Eigelb verrühren, mit Salz, Pfeffer und Muskat abschmecken.

4. Vier Timbalförmchen gründlich fetten. Die Hälfte des Broccolipürees hineingeben. Die Gambas kalt abbrausen, abtrocknen und je 1 Stück in ein Förmchen legen. Die übrige Broccolimasse einfüllen. Die Förmchen mit Alufolie fest zudecken.

5. Ein sauberes Küchentuch in einen breiten Topf legen, die Förmchen darauf stellen. Soviel heißes Wasser angießen, daß die Förmchen zu zwei Dritteln darin stehen. Das Wasser einmal aufkochen lassen, dann die Hitze so reduzieren, daß das Wasser gerade eben noch siedet. Die Broccolimasse etwa 30 Minuten stocken lassen. Die Timbals in den Förmchen beiseite stellen.

6. Zum Servieren die Timbals stürzen und auf Tellern anrichten. Mit den restlichen Gambas, den Mandelblättchen und den Broccoliröschen garnieren.

Schollenröllchen mit Fenchelsauce

Zutaten:
175 g mehligkochende Kartoffeln
2 Teel. Butter
¼ l Fischfond
1 Eßl. Crème fraîche
Salz
weißer Pfeffer, frisch gemahlen
1–2 Eßl. Anisschnaps nach Belieben
1 kleine Fenchelknolle
4 Schollenfilets
1 Eßl. Zitronensaft
1 Eßl. Tomatenmark
1–2 Eßl. Tomatenwürfel nach Belieben
Holzspießchen

1. Die Kartoffeln schälen, waschen und grob würfeln. Die Butter in einem breiten Topf erhitzen und die Kartoffeln darin anschwitzen.

2. Mit dem Fond ablöschen, die Kartoffeln zugedeckt bei mittlerer Hitze etwa 15 Minuten weich kochen lassen. Anschließend pürieren, mit der Crème fraîche verfeinern, mit Salz, Pfeffer und eventuell mit dem Anisschnaps abschmecken.

3. Den Fenchel putzen und waschen. Das zarte Grün hacken und beiseite stellen. Die Fenchelknolle in feine Streifen schneiden, in Salzwasser etwa 4 Minuten blanchieren. Abtropfen lassen und zur Kartoffelsauce geben.

4. Die Schollenfilets kalt abwaschen und abtrocknen. Mit dem Zitronensaft beträufeln, dünn mit dem Tomatenmark bestreichen, salzen und pfeffern und die Hälfte des Fenchelgrüns darauf streuen. Die Filets aufrollen und mit Holzspießchen zusammenstecken. Zugedeckt in den Kühlschrank stellen.

5. Zum Servieren die Fenchel-Kartoffel-Sauce wieder aufkochen, die Fischröllchen hineinlegen und zugedeckt bei mittlerer Hitze in etwa 6 Minuten garen.

6. Die Schollenröllchen zusammen mit der Fenchelsauce anrichten, das restliche Fenchelgrün und nach Belieben Tomatenwürfel darauf streuen.

Lachsforelle in Weinsahne

Zutaten:
1 große Lachsforelle (etwa 1,1 kg)
2 Eßl. Zitronensaft
Salz
weißer Pfeffer, frisch gemahlen
1 Bund Frühlingszwiebeln
1 Zweig Basilikum
¼ l trockener Weißwein (zum Beispiel Riesling)
150 g Sahne
200 g Crème fraîche
250 g grüne Bandnudeln
Für die Form: Butter

1. Die Lachsforelle waschen und gut abtrocknen. Innen mit dem Zitronensaft beträufeln, innen und außen salzen und pfeffern. Eine Auflaufform, die nicht viel größer als der Fisch ist, gut einfetten. Den Fisch etwas zusammendrehen und hineinsetzen. Dabei die Schwanzflossen nach außen klappen, damit sie dem Fisch Standfestigkeit verleihen.

2. Die Frühlingszwiebeln putzen, waschen, grob würfeln und in die Form geben. Das Basilikum waschen und ebenfalls in die Form geben.

3. Den Wein mit der Sahne und der Crème fraîche verrühren, mit Salz und Pfeffer würzen.

4. Den Backofen auf 200° vorheizen.

5. Die Sahnesauce zur Lachsforelle gießen. Die Form in den vorgeheizten Ofen (Mitte) stellen und den Fisch in etwa 30 Minuten garen.

6. Reichlich Salzwasser zum Kochen bringen. Zum Servieren die Nudeln darin nach der Packungsbeschreibung bißfest garen.

7. Die Lachsforelle vorsichtig auf eine große Servierplatte setzen. Die Sahnesauce durch ein Sieb in einen breiten Topf gießen und rasch bei starker Hitze etwas einkochen lassen, mit Salz und Pfeffer abschmecken. Die Nudeln gut abtropfen lassen, zur Lachsforelle auf die Platte geben. Die Sauce getrennt dazu servieren.

Nektarinen-Johannisbeer-Salat

Zutaten:
250 g rote Johannisbeeren
3 Eßl. Zucker
2 Nektarinen
1 Päckchen Vanillezucker
1 Eßl. Zitronensaft
1–2 Eßl. Pfirsichlikör oder Maraschino nach Belieben
4 Kugeln Pfirsich- oder Vanilleeis

1. Die Johannisbeeren waschen. Davon 4 schöne Rispen auswählen, in dem Zucker wenden und zugedeckt beiseite stellen. Die restlichen Beeren von den Rispen streifen.

2. Die Nektarinen waschen, vierteln und entsteinen. Die Viertel quer halbieren, dann längs in dünne Spalten schneiden.

3. Den restlichen Zucker mit dem Vanillezucker, dem Zitronensaft und nach Belieben dem Pfirsichlikör oder Maraschino verrühren. Die Früchte darin wenden. Zugedeckt bis zum Servieren kalt stellen.

4. Zum Servieren die Früchte in Gläsern oder Dessertschälchen anrichten, je 1 Kugel Eis darauf setzen und mit den Johannisbeerrispen garnieren.

Menüs für besondere Anlässe

Anlässe, zu einem festlichen Menü einzuladen, gibt es immer wieder. Der Kalender weist auf Ostern oder Weihnachten? Passende Menüs finden Sie in diesem Kapitel. Stehen Geburtstag, Hochzeit, Taufe oder Jubiläum bevor? Zwei Menüs zeigen Ihnen, wie Sie acht oder zwölf Personen fürstlich bewirten können. Fällt solch ein Fest auf einen heißen Sommertag? Ausgiebig schlemmen auf die leichte Art können Sie mit dem Menü auf den Seiten 84–91.

Ostermenü

Für 4 Personen

Vorspeise
Kerbelgelee mit Senfsauce

■

Zwischengang
Consommé mit Pilzklößchen

■

Fischgang
Fischragout in Safransauce zwischen Nudelblättern

■

Hauptgericht
Lammkeule mit Kräuterkartoffeln und Zucchini

■

Dessert
Mango-Kefir-Mousse

Getränkeempfehlungen

- Als Aperitif und eventuell auch zu den beiden ersten Gängen: trockener Sekt oder Champagner
- Zu den ersten drei Gängen oder nur zum Fischgang: trockener Weißwein, zum Beispiel Grauburgunder aus dem Kaiserstuhl
- Zum Hauptgericht: kräftiger Rotwein, zum Beispiel reifer Bordeaux
- Nach dem Dessert: Kaffee und Cognac oder Kaffeelikör

Tips zu diesem Menü

- Dieses frühlingshafte Menü ist festlich und beeindruckend, es macht aber dennoch wenig Arbeit. Nur für den Fischgang müssen Sie während des Menüs etwas in der Küche werkeln, er muß »à la minute« zubereitet werden.

• Bei einer Reduzierung des Menüs auf vier Gänge können Sie wahlweise das Kerbelgelee oder die Consommé weglassen.
• Erwarten Sie sechs Personen zum Ostermenü? Dann kaufen Sie eine etwas größere Lammkeule (etwa 2 kg) und erhöhen Sie alle anderen Mengen um knapp die Hälfte. Die Garzeit der Lammkeule verlängert sich dann um etwa 15 Minuten.
• Die Lammkeule ist nach der angegebenen Garzeit noch ganz leicht rosa. Wenn Sie sie weniger durchgegart servieren möchten, sollten Sie die Garzeit um etwa 20 Minuten verkürzen.
• Wenn die Zeit für eine Consommé, die immerhin 4 Stunden köcheln muß, nicht reicht, können Sie auch eine einfache, kräftige Rinderbrühe kochen. Zusätzlich zum Suppenfleisch dann noch zwei Rinderknochen mitkochen.
• Schneller als die Pilzklößchen sind Grießnocken fertig. Dafür ¼ l Milch aufkochen, mit Salz, Pfeffer und Muskat würzen. Etwa 85 g Grieß einrühren, dicklich einkochen lassen. 2 Eigelbe unterziehen, mit Eßlöffeln längliche Klößchen formen und in der siedenden Consommé etwa 5 Minuten gar ziehen lassen.

Zeitplan

Am Vortag:	Die Rinderbrühe für die Consommé kochen, abseihen und erkalten lassen.
Am Morgen:	Die Consommé kochen, die Pilzklößchen zubereiten. Das Kerbelgelee zubereiten und auch die Senfsauce bereits anrühren. Die Lammkeule marinieren. Die Mango-Kefir-Mousse zubereiten.
2 Stunden vorher:	Für das Hauptgericht die Kartoffeln schälen, die Zucchini, die Zwiebel und die Flüssigkeit vorbereiten.
1½ Stunden vorher:	Alle Zutaten für das Fischragout vorbereiten.
1 Stunde vorher:	Den Tisch decken. Zeit für Sie, sich zu erfrischen und umzuziehen.
Kurz vorher:	Den Ofen auf 250° vorheizen.
Nach dem Aperitif:	Die Lammkeule in den Ofen stellen. Die Consommé erwärmen. Das Kerbelgelee anrichten und servieren.
Nach der Vorspeise:	Die Ofenhitze auf 200° reduzieren, die Zwiebeln und etwas Flüssigkeit zur Lammkeule geben. Salzwasser für die Nudelplatten aufsetzen. Die Pilzklößchen in der Consommé erhitzen und servieren.
Nach dem Zwischengang:	Die restliche Flüssigkeit, die Kartoffeln und die Zucchini zur Lammkeule in den Ofen geben. Die Nudelplatten kochen, das Fischragout zubereiten und servieren.
Nach dem Fischgang:	Die Lammkeule tranchieren, mit den Kartoffeln und den Zucchini anrichten und servieren.
Nach dem Hauptgericht:	Die Mango-Kefir-Mousse anrichten und servieren.

Kerbelgelee mit Senfsauce

Zutaten:
2 Eier
3 Blatt weiße Gelatine
20 g Kerbel
¼ l klare, kräftige Brühe (oder Fond)
Salz
weißer Pfeffer, frisch gemahlen
Tabasco
75 g Quark
50 ml Milch
1–2 Teel. Senf
1–2 Eßl. Tomatenwürfel nach Belieben

1. Die Eier in etwa 8 Minuten hart kochen. Kalt abschrecken und pellen.

2. Die Gelatine nach der Packungsbeschreibung in kaltem Wasser einweichen. Den Kerbel waschen, trockentupfen und verlesen. Etwas Kerbel zum Garnieren in ein feuchtes Tuch wickeln und kalt stellen. Den übrigen Kerbel grob hacken und mit der Brühe verrühren.

3. Etwas Brühe in einem kleinen Topf aufkochen lassen, die Gelatine leicht ausdrücken und darin auflösen. Dann mit der übrigen Brühe verrühren, diese pikant mit Salz, Pfeffer und Tabasco abschmecken. Etwas Kerbelbrühe in vier Timbalförmchen oder Tassen geben, im Kühlschrank gelieren lassen.

4. Die Eier quer halbieren, mit den Schnittflächen nach unten auf das Gelee in die Förmchen setzen. Die übrige Kerbelbrühe darüber geben und das Gelee im Kühlschrank erstarren lassen.

5. Für die Sauce den Quark mit der Milch und dem Senf verrühren, mit Salz und Pfeffer abschmecken und kühl stellen.

6. Zum Servieren die Geleeförmchen kurz in warmes Wasser stellen, auf Teller stürzen und die Sauce an den Rand geben. Mit den übrigen Kerbelblättchen und nach Belieben Tomatenwürfeln garnieren.

Consommé mit Pilzklößchen

Zutaten:
500 g Suppenfleisch vom Rind
2 Bund Suppengemüse
2 Eßl. schwarze Pfefferkörner
2 Lorbeerblätter
400 g Rinderhackfleisch
100 g Egerlinge
1 kleine Zwiebel
25 g magerer, gekochter Bauchspeck
10 g Kerbel
50 ml Milch
2 altbackene Brötchen
1 Ei
Salz
schwarzer Pfeffer, frisch gemahlen
eventuell 1–2 Eßl. Semmelbrösel

1. Für die Consommé das Rindfleisch waschen und in einen großen Topf legen. Etwa 2 l kaltes Wasser angießen. 1 Bund Suppengemüse putzen und grob zerkleinern, mit 1 Eßlöffel Pfefferkörnern und 1 Lorbeerblatt zum Fleisch geben. Zum Kochen bringen und dann etwa 2 Stunden bei schwacher Hitze köcheln lassen. Zwischendurch den Schaum abschöpfen. Die Brühe abseihen und erkalten lassen.

2. Das zweite Bund Suppengemüse ebenfalls putzen und grob zerkleinern. Mit der Brühe, dem Hackfleisch, den restlichen Pfefferkörnern und dem restlichen Lorbeerblatt erneut kalt aufsetzen und etwa 2 Stunden köcheln lassen. Anschließend abseihen.

3. Für die Pilzklößchen 75 g Egerlinge putzen und abreiben oder kurz waschen, sehr fein hacken. Die Zwiebel schälen und sehr fein würfeln, den Speck ebenfalls in sehr feine Würfel schneiden. Den Kerbel waschen, trockentupfen und die Blättchen fein hacken.

4. Die Milch erhitzen. Die Brötchen erst in dünne Scheiben, dann in sehr kleine Würfel schneiden und mit der heißen Milch übergießen. Zugedeckt etwa 5 Minuten ziehen lassen.

5. Den Speck in einer Pfanne auslassen. Die Zwiebeln dazugeben und glasig werden lassen, dann die Pilze hineinrühren. Alles so lange offen bei schwacher Hitze garen, bis die Flüssigkeit verdampft ist. Den Kerbel hineinrühren.

6. Die Pilzmasse mit dem Ei und den eingeweichten Brötchen vermischen, mit Salz und Pfeffer pikant abschmecken. Die Masse soll kompakt sein, deshalb eventuell noch Semmelbrösel unterarbeiten. Reichlich Salzwasser aufkochen. Aus dem Pilzteig walnußgroße Kugeln formen und diese im Wasser etwa 15 Minuten ziehen (nicht kochen!) lassen. Die Klößchen gut abtropfen lassen.

7. Zum Servieren die Consommé wieder aufkochen lassen und abschmecken. Die restlichen Egerlinge putzen, halbieren und mit den Klößchen darin noch etwa 5 Minuten ziehen (nicht kochen!) lassen, damit sie heiß werden.

Fischragout in Safransauce

Zutaten:
1 Zitrone
125 g Lachsfilet
125 g weißes Meeresfischfilet (zum Beispiel Seeteufel)
50 g Tiefseegarnelen ohne Schale
2 Jakobsmuscheln ohne Schale
Salz
weißer Pfeffer, frisch gemahlen
200 ml Fischfond
100 g Crème fraîche
1 Döschen Safran
4 grüne Lasagne-Nudelblätter (ohne Kochen)

1. Die Zitrone auspressen. Die beiden Fischfilets kalt abbrausen, trockentupfen und etwa 1 cm groß würfeln. Die Garnelen und die Jakobsmuscheln kalt abbrausen, trockentupfen und die Jakobsmuscheln halbieren. Alles mischen, mit dem Zitronensaft beträufeln, salzen, pfeffern und zugedeckt kühl stellen.

2. Den Fischfond in einem Topf bei starker Hitze auf die Hälfte einkochen lassen. Die Crème fraîche und den Safran einrühren und gut durchkochen lassen.

3. Zum Servieren reichlich Salzwasser aufkochen lassen. Die Nudelplatten darin etwa 5 Minuten sprudelnd kochen lassen. Gleichzeitig die vorbereiteten Fischstücke in die Safransauce geben und zugedeckt bei schwacher Hitze 3–4 Minuten ziehen lassen.

4. Die Nudelplatten herausheben und gut abtropfen lassen. Auf vier Tellern ausbreiten, das Fischragout je auf eine Seite geben, die andere Hälfte der Nudelplatten halb darüber klappen.

Lammkeule mit Kräuterkartoffeln

Zutaten:
1 kleine Lammkeule (etwa 1,6 kg)
4 Knoblauchzehen
½–1 Bund Thymian
6 Eßl. Olivenöl
Salz
schwarzer Pfeffer, frisch gemahlen
600 g Kartoffeln
500 g Zucchini
1 große Zwiebel
½ l Brühe
300 ml trockener Rotwein (ersatzweise Brühe)

1. Die Lammkeule waschen und trockentupfen. Den Knoblauch schälen und fein stifteln, die Lammkeule damit spicken. Den Thymian verlesen, waschen, trockentupfen und die Blättchen fein hacken. Die Hälfte des Thymians mit dem Öl, Salz und Pfeffer verrühren. Die Lammkeule rundherum gründlich damit einreiben. Das Fleisch zugedeckt in den Kühlschrank legen.

2. Die Kartoffeln schälen und waschen, grob würfeln und in Wasser legen. Die Zucchini waschen, putzen, ebenfalls grob würfeln und in eine Schüssel geben. Den restlichen Thymian daruntermischen und zugedeckt beiseite stellen. Die Zwiebel schälen und würfeln, ebenfalls zugedeckt beiseite stellen. Die Brühe und den Wein mischen.

3. Den Backofen auf 250° vorheizen.

4. Die Lammkeule auf die Fettpfanne des Backofens legen. Das restliche Öl vom Marinieren dazugeben. Die Lammkeule in den Ofen (Mitte) stellen und etwa 20 Minuten braten.

5. Die Ofenhitze auf 200° reduzieren. Die Zwiebelwürfel auf das Blech geben. Einen Teil der Weinmischung vorsichtig auf das Blech gießen (Achtung: es spritzt). Die Lammkeule etwa noch 40 Minuten braten.

6. Die restliche Flüssigkeit auf das Blech gießen. Die Kartoffeln und die Zucchini auf das Blech geben, gut im Bratenfond wenden, mit Salz und Pfeffer würzen. Alles noch etwa 30 Minuten garen. Eventuell noch etwas im ausgeschalteten Ofen ruhen lassen.

7. Zum Servieren die Lammkeule herausnehmen, in Scheiben schneiden und mit dem Gemüse anrichten.

Mango-Kefir-Mousse

Zutaten:
2 reife Mangos
200 g Kefir
1 Päckchen Vanillezucker
1 Eßl. Zucker
einige Tropfen Zitronensaft
3 Blatt weiße Gelatine
100 g Sahne
1 Kiwi
4 Physalis (ersatzweise noch 1 Kiwi)
1 Teel. Kakaopulver

1. 1 Mango schälen, das Fleisch vom Stein ablösen und sofort zusammen mit dem Kefir, dem Vanillezucker und dem Zucker im Mixer pürieren. Mit Zitronensaft abschmecken.

2. Die Gelatine nach der Packungsbeschreibung einweichen und auflösen, unter die Mangomasse rühren. Die Masse kalt stellen, bis sie zu gelieren beginnt. Dann die Sahne steif schlagen und unterheben. Die Mousse zugedeckt im Kühlschrank fest werden lassen.

3. Zum Servieren die Kiwi und die restliche Mango schälen und in Spalten schneiden. Bei den Physalis vorsichtig die Pergamenthäutchen nach außen biegen und die Früchte feucht abreiben. Von der Mousse mit zwei Eßlöffeln Klößchen abstechen, diese auf Teller setzen. Mit der Kiwi, den Mangospalten und den Physalis garnieren und leicht mit dem Kakaopulver bestäuben.

Leichtes Sommermenü

Für 6 Personen

Kalte Vorspeise
Tomatenmousse mit Basilikumvinaigrette und Pinienkernen

■

Warme Vorspeise
Radieschencremesuppe

■

Fischgang
Gebratener Waller mit Austernpilzen und Frühlingszwiebeln

■

Zwischengang
Kiwi-Basilikum-Sorbet

■

Hauptgericht
Hähnchenschnitzel mit Bohnen-Birnen-Salat

■

Dessert
Bunte Beeren in Sektgelee mit Zitronenschmant

Zeitplan

Am Vortag:	Das Kiwi-Basilikum-Sorbet zubereiten. Zwischendurch an das Umrühren denken! Das Dessert einschließlich des Zitronenschmands zubereiten und zugedeckt in den Kühlschrank stellen.
Am Morgen:	Die Tomatenmousse zubereiten und kalt stellen. Die Basilikumvinaigrette anrühren und die Pinienkerne rösten. Den Bohnen-Birnen-Salat zubereiten und zugedeckt kühl stellen. Die Radieschencremesuppe kochen, abkühlen lassen und kühl stellen.
2 Stunden vorher:	Die Hähnchenschnitzel vorbereiten und zugedeckt kühl stellen.
1½ Stunden vorher:	Für den Fischgang alle Zutaten vorbereiten und zugedeckt bereitstellen. Den Salat für die Tomatenmousse putzen.
1 Stunde vorher:	Den Tisch decken. Zeit für Sie, sich zu erfrischen und umzuziehen.
Nach dem Aperitif:	Die Tomatenmousse anrichten und servieren.
Nach der kalten Vorspeise:	Die Radieschencremesuppe wieder aufkochen lassen und servieren.
Nach der warmen Vorspeise:	Den Waller und die Gemüse braten, anrichten und servieren.
Nach dem Fischgang:	Den Bohnen-Birnen-Salat aus dem Kühlschrank nehmen und zugedeckt beiseite stellen. Das Sorbet durchrühren, anrichten und servieren.
Nach dem Zwischengang:	Die Hähnchenschnitzel braten, mit dem Bohnen-Birnen-Salat anrichten und servieren.
Nach dem Hauptgericht:	Das Dessert anrichten und servieren.

Getränkeempfehlungen
- Als Aperitif: Campari mit etwas Orangensaft und Sekt aufgießen
- Von der Vorspeise bis zum Hauptgericht: am besten leichter, spritziger Weißwein, zum Beispiel Sauvignon blanc. Er sollte gut gekühlt sein.
- Zum Dessert: kühler, trockener Sekt

Tips zu diesem Menü

- Dieses Menü ist leicht und unkompliziert, genau richtig für heiße Sommertage. Vor- und Zubereitung machen nur wenig Arbeit, und vieles läßt sich frühzeitig erledigen.
- Wenn Sie am Menütag ausreichend Zeit haben, können Sie alle Vorbereitungen auch an diesem Tag erledigen.
- Für nur vier Personen eine der Vorspeisen weglassen, und die Menge bei Austernpilzen, Bohnen und Dessert etwas reduzieren.
- Statt der Tomatenmousse können Sie auch einen schnellen Tomatensalat servieren. Ergänzen Sie diesen ebenfalls mit Basilikumvinaigrette und Pinienkernen.
- Für ein schnelleres Dessert die Beeren einfach mit etwas Vanillezucker süßen, ziehen lassen und mit der Zitronensahne servieren.
- Bei der Zubereitung des Desserts bleibt Sekt übrig. Verschließen Sie die Flasche wieder gut und stellen Sie sie über Nacht in den Kühlschrank. Sie können damit den Aperitif aufpeppen. Öffnen Sie als Getränk zum Dessert eine zweite Flasche der gleichen Sorte.

Tomatenmousse mit Basilikumvinaigrette

Zutaten:
400 g saftige, aromatische Tomaten (zum Beispiel Eiertomaten)
Salz
weißer Pfeffer, frisch gemahlen
Tabasco
6 Blatt weiße Gelatine
100 g Vollmilchjoghurt
150 g Sahne
1 Bund Basilikum
7 Eßl. Champagner- oder Weißweinessig
5 Eßl. neutrales Öl
5 Eßl. Olivenöl
30 g Pinienkerne
1 kleiner Kopfsalat
einige Tomatenachtel nach Belieben

1. Die Tomaten waschen, grob hacken und im Mixer oder mit dem Pürierstab pürieren. Durch ein feines Sieb passieren. Das Püree mit Salz, Pfeffer und einigen Tropfen Tabasco pikant abschmecken.

2. Die Gelatine nach der Packungsbeschreibung einweichen und auflösen, zusammen mit dem Joghurt unter das Tomatenpüree rühren. Die Mischung kalt stellen, bis sie zu gelieren beginnt. Dann die Sahne steif schlagen und unterheben. Die Mousse zugedeckt in den Kühlschrank stellen.

3. Das Basilikum waschen und trockentupfen. Einige Blättchen zum Garnieren zur Seite legen, die restlichen in Streifen schneiden. Mit dem Essig, Salz und Pfeffer verrühren, dann beide Ölsorten unterschlagen und abschmecken.

4. Die Pinienkerne grob hacken, in einer trockenen Pfanne goldbraun rösten und wieder herausnehmen.

5. Den Kopfsalat putzen, gründlich waschen und trockenschleudern.

6. Zum Servieren je 1–2 Blätter Kopfsalat auf den Rand großer Teller legen, in die Mitte die Basilikumvinaigrette geben. Von der Tomatenmousse mit zwei Löffeln Nocken abstechen und diese auf die Vinaigrette setzen. Mit Pinienkernen, Basilikum und nach Belieben Tomatenachteln garnieren.

Radieschencremesuppe

Zutaten:
3 große Bund Radieschen mit Grün (etwa 600 g)
350 g mehligkochende Kartoffeln
75 g Schalotten
1½ Eßl. Butter
900 ml Gemüsebrühe
100 g Crème fraîche
Salz
schwarzer Pfeffer, frisch gemahlen

1. Die Radieschen gründlich waschen. Etwas Grün und 12 Radieschen beiseite legen, den Rest der Radieschen und des Grüns grob hacken.

2. Die Kartoffeln schälen, waschen und grob würfeln. Die Schalotten schälen und würfeln. Die Butter in einem Topf aufschäumen, die Schalottenwürfel, dann die Kartoffeln und zuletzt die gehackten Radieschen mit Grün darin anschwitzen. Mit der Brühe ablöschen und alles aufkochen lassen. Gut zugedeckt etwa 20 Minuten köcheln lassen.

3. Die Suppe pürieren, mit der Crème fraîche verfeinern und mit Salz und Pfeffer abschmecken.

4. Zum Servieren die Suppe wieder aufkochen lassen. Die übrigen Radieschen in Scheiben schneiden und mit dem übrigen Radieschengrün auf die Suppe streuen.

Feines Somm
Tomatenmousse mit Basil
vinaigrette und Pinienkernen
Radieschencremesuppe
Waller mit Austernpilzen
Frühlingszwiebeln
silikum-Sorbet
nitzel mit
-Salat

Waller mit Austernpilzen

Zutaten:
600 g Wallerfilet
1 Zitrone
Salz
schwarzer Pfeffer, frisch gemahlen
500 g Austernpilze
1 Bund Frühlingszwiebeln
3 Eßl. Öl

1. Das Wallerfilet kalt abbrausen, trockentupfen und in sechs gleiche Portionen teilen. Die Zitrone auspressen. Die Fischstücke mit dem Zitronensaft beträufeln, salzen und pfeffern und zugedeckt in den Kühlschrank stellen.

2. Die Austernpilze putzen und kurz waschen oder feucht abreiben. Dann in 1–2 cm breite Streifen schneiden, kleine Pilze ganz lassen. Zugedeckt beiseite stellen.

3. Die Frühlingszwiebeln putzen, waschen und in dünne, sehr schräge Ringe schneiden. Zugedeckt beiseite stellen.

4. Zum Servieren das Öl in einer breiten Pfanne erhitzen. Die Austernpilze und die Frühlingszwiebeln bis auf einige Ringe hineingeben und etwa 3 Minuten braten. Mit Salz und Pfeffer würzen. Mit einem Schaumlöffel die Pilze und Zwiebeln aus der Pfanne nehmen. Dann die Wallerstücke in die heiße Pfanne legen und von jeder Seite etwa 2 Minuten braten.

5. Inzwischen die Pilz-Zwiebel-Mischung auf sechs Teller verteilen. Die gebratenen Fischstücke darauf legen und die restlichen Zwiebelringe darüber streuen.

Kiwi-Basilikum-Sorbet

Zutaten:
1 Kiwi
2–3 Zweige Basilikum
1 Zitrone
1/8 l trockener Weißwein
1 Eiweiß
2 Eßl. Zucker

1. Die Kiwi schälen und kurz pürieren. Das Basilikum waschen, trockentupfen und fein hacken. Eventuell einige Blättchen zum Garnieren beiseite legen. Die Zitrone auspressen.

2. Den Zitronensaft mit der Kiwi, dem Basilikum, dem Wein, dem Eiweiß, dem Zucker und 1/8 l Wasser im Mixer gut schaumig schlagen.

3. Die Masse in eine Schüssel geben und im Tiefkühlgerät gefrieren lassen. Zwischendurch mehrfach kräftig durchrühren.

4. Zum Servieren das Sorbet noch einmal mit dem Pürierstab durcharbeiten, in hohe Gläser geben und eventuell mit den Basilikumblättchen garnieren.

Hähnchenschnitzel mit Bohnen-Birnen-Salat

Zutaten:
600 g grüne Bohnen
Salz
5 Zweige Salbei
4 Eßl. Rotweinessig
schwarzer Pfeffer, frisch gemahlen
6 Eßl. Öl
1 feste Birne
6 Hähnchenbrustfilets (je etwa 100 g)
100 g roher Schinken, in dünne Scheiben geschnitten
3 Eßl. eiskalte Butter
⅛ l trockener Weißwein
kleine Holzspieße (Zahnstocher)

1. Die Bohnen waschen, putzen und in Stücke schneiden. Zugedeckt bei mittlerer Hitze in wenig Salzwasser knapp gar kochen lassen (je nach Sorte 7–15 Minuten). Die Bohnen dann gut abtropfen lassen.

2. Den Salbei waschen und trockentupfen. 6 Salbeiblätter in feine Streifen schneiden, mit dem Rotweinessig, Salz und Pfeffer verrühren und das Öl kräftig unterschlagen. Das Dressing abschmecken und die Bohnen darin wenden.

3. Die Birne gründlich abwaschen und abreiben, vierteln, entkernen und in Spalten schneiden. Mit den Bohnen vermischen. Zugedeckt kalt stellen.

4. Die Hähnchenbrustfilets kalt abwaschen, trockentupfen und jeweils in zwei oder drei Stücke schneiden. Diese Schnitzel von beiden Seiten mit Pfeffer bestreuen. Den Schinken in etwa genauso große Stücke schneiden und auf die Schnitzel legen. Jeweils 1 oder 2 Salbeiblätter darauf legen und diese mit Holzspießchen feststecken. Die Schnitzel zugedeckt kalt stellen.

5. Zum Servieren 2 Eßlöffel Butter in einer breiten Pfanne aufschäumen. Die Hähnchenschnitzel darin von jeder Seite etwa 2 Minuten braten, aus der Pfanne nehmen und zugedeckt warm halten.

6. Den Wein in die Pfanne gießen und den Bratensatz unter Rühren lösen. Die Sauce kräftig durchkochen lassen, dann die restliche Butter in kleine Flöckchen teilen und mit einem Schneebesen unterschlagen.

7. Die Sauce abschmecken, mit den Schnitzeln und dem Salat anrichten. Mit den restlichen Salbeiblättchen garnieren.

Bunte Beeren in Sektgelee

Zutaten:
5 Blatt weiße Gelatine
400 ml trockener Sekt
500 g gemischte Beeren (zum Beispiel Erdbeeren, Himbeeren, Johannisbeeren, kleine Stachelbeeren)
3 Eßl. Zucker
1 Päckchen Vanillezucker
250 g Schmant (ersatzweise Crème fraîche)
½ unbehandelte Zitrone
einige Minzeblättchen nach Belieben

1. Die Gelatine nach der Packungsbeschreibung in kaltem Wasser einweichen. Anschließend tropfnaß in einen kleinen Topf geben und bei schwacher Hitze auflösen. Mit dem Sekt verrühren.

2. Die Beeren vorsichtig waschen und verlesen, mit 2 Eßlöffel Zucker und dem Vanillezucker vermischen. In sechs Dessertschälchen verteilen oder in eine große Glasschüssel umfüllen, den Sekt darüber gießen. Den Sekt im Kühlschrank gelieren lassen.

3. Den Schmant mit dem restlichen Zucker süßen. Die Zitrone heiß abwaschen und trockentupfen. Die Schale fein abreiben, dann den Saft auspressen. Beides unter den Schmant rühren. Zugedeckt kalt stellen.

4. Zum Servieren den Schmant noch einmal durchrühren und zum Sektgelee reichen. Das Gelee nach Belieben mit Minzeblättchen verzieren.

Großes Geburtstagsmenü

Für 8 Personen

Kalte Vorspeise
Blattsalate mit Tomatenvinaigrette und Pinienkernen

■

Warme Vorspeise
Sahnige Möhrensuppe

■

Fischgang
Gebratene Saiblingfilets mit Radieschenbutter und Brottalern

■

Zwischengang
Sorbet von rosa Grapefruits

■

Hauptgericht
Rinderfilet aus dem Ofen mit Kartoffel-Zucchini-Torte

■

Käsegang
Überbackene Käsebirnen mit Pistazien

■

Dessert
Marmorierte Schokoladenterrine

Getränkeempfehlungen

- Als Aperitif: Sekt oder Champagner
- Zur kalten und warmen Vorspeise und zum Fischgang: leichter, frischer Weißwein, zum Beispiel Weißburgunder von der Nahe
- Zum Hauptgericht: kräftiger Rotwein, zum Beispiel reifer Burgunder
- Zum Käsegang und zum Dessert: gekühlter, edelsüßer Wein, zum Beispiel deutsche Beerenauslese oder französischer Sauternes

Tips zu diesem Menü

- Bei solch einem großen Menü ist die exakte Planung ganz besonders wichtig. Schätzen Sie Ihr Können ehrlich ein, und bereiten Sie möglichst viel am Vortag zu. Wichtig ist auch, daß Sie alle benötigten Geräte, Messer, Bretter, Schüsseln etc. zur Hand haben und nicht während des Menüs suchen oder mühsam aus den Schränken nehmen müssen.
- Möchten Sie die einzelnen Gänge als Tellergerichte servieren, sollten Sie einen Gast bitten, beim Auftragen zu helfen. Einfacher machen Sie es sich allerdings, wenn Sie Platten und Schüsseln auf den Tisch stellen.
- Das Menü können Sie ganz einfach auf vier Gänge reduzieren: Suppe, Sorbet und Käsebirnen weglassen. Bereiten Sie dann vom Fischgang und Hauptgericht etwas mehr zu.
- Bei nur sechs Personen können Sie die Käsebirnen weglassen. Oder reduzieren Sie bei allen Gängen die Mengen um ein Viertel. Suppe, Sorbet und Schokoladenterrine schmecken allerdings auch noch am folgenden Tag – und auch Reste vom Filet sowie Gratin können Sie gut am Folgetag essen. Lediglich der Fisch und die Käsebirnen lassen sich schlecht aufbewahren.
- Bedenken Sie bei der Wahl des Bräters, in dem Sie das Filet zubereiten, daß die Form mit der Kartoffel-Zucchini-Torte gleichzeitig in den Backofen gestellt werden muß. Ein länglicher Bräter eignet sich deshalb besser als ein runder.

Zeitplan

Am Vortag:	Das Rinderfilet mit gewürztem Öl einreiben. Das Grapefruitsorbet zubereiten. Dabei immer mal wieder an das Durchrühren denken! Die Schokoladenterrine zubereiten. Die Möhrensuppe kochen.
Am Morgen:	Die Birnen dünsten und im Topf beiseite stellen. Die Kartoffel-Zucchini-Torte zubereiten und abkühlen lassen. Die Brottaler ausstechen und in einen Folienbeutel geben, damit sie nicht austrocknen.
3 Stunden vorher:	Den Tisch decken.
2 Stunden vorher:	Für den Salat die Tomatenvinaigrette zubereiten und die Pinienkerne rösten. Die Salate putzen, aber noch nicht waschen. In ein feuchtes Tuch wickeln und kühl stellen.
1½ Stunden vorher:	Für den Fischgang alle Zutaten vorbereiten. Die gedünsteten Birnen in eine Auflaufform legen, mit dem Käse bestreuen und zugedeckt beiseite stellen.
1 Stunde vorher:	Zeit für Sie, sich zu erfrischen und umzuziehen.
Nach dem Aperitif:	Die Möhrensuppe bei sehr schwacher Hitze auf den Herd stellen. Die Salate waschen, anrichten und servieren.
Nach der kalten Vorspeise:	Die Suppe aufkochen lassen, abschmecken und servieren.
Nach der warmen Vorspeise:	Den Fischgang fertigstellen und servieren.
Nach dem Fischgang:	Den Backofen auf 225° vorheizen. Das Rinderfilet anbraten, in den Ofen stellen. Die Kartoffel-Zucchini-Torte ebenfalls in den Ofen stellen. Das Sorbet durchrühren, anrichten und servieren.
Nach dem Zwischengang:	Das Hauptgericht fertigstellen und servieren. Den Ofen nicht ausschalten, die Hitze jedoch auf etwa 150° reduzieren.
Nach dem Hauptgericht:	Die Käsebirnen in den Ofen stellen und den Ofen wieder auf 200° hochschalten. Nach dem Überbacken anrichten und servieren.
Nach dem Käsegang:	Die Schokoladenterrine anrichten und servieren.

Blattsalate mit Tomatenvinaigrette

Zutaten:
300 g kleine, feste Tomaten
75 g Schalotten
2 Knoblauchzehen
Salz
schwarzer Pfeffer, frisch gemahlen
6 Eßl. Weinessig
8 Eßl. neutrales Öl
4 Eßl. Olivenöl
50 g Pinienkerne
1 kleiner Kopf Lollo rosso
1 kleiner Kopf Endivien- oder Friséesalat
1 kleiner Kopf Radiccio
Basilikum nach Belieben

1. Die Tomaten waschen, halbieren, sorgfältig entkernen und dabei die Stielansätze entfernen. Das Fruchtfleisch klein würfeln. Die Schalotten und den Knoblauch schälen und fein würfeln, beides mit Salz, Pfeffer und dem Essig verquirlen. Beide Ölsorten kräftig unterschlagen. Zuletzt die Tomatenwürfel untermischen und die Vinaigrette abschmecken.

2. Die Pinienkerne in einer trockenen Pfanne goldbraun rösten und aus der Pfanne nehmen. Die Salate putzen, in ein feuchtes Tuch wickeln und kühl stellen.

3. Zum Servieren die Salate waschen und gründlich trockenschleudern. Die Blätter mundgerecht zerzupfen, in dem Dressing wenden und auf Tellern anrichten. Die Pinienkerne darauf streuen und nach Belieben mit Basilikumblättchen verzieren.

Sahnige Möhrensuppe

Zutaten:
1¼ kg Möhren
2 Kartoffeln
1 Zwiebel
2 Eßl. Butter
1½ l milde Gemüsebrühe
1 Eßl. Honig
Salz
schwarzer Pfeffer, frisch gemahlen
300 g Crème fraîche
1 Bund Schnittlauch

1. Die Möhren und die Kartoffeln schälen, waschen und grob würfeln. Die Zwiebel schälen und ebenfalls würfeln. Die Butter in einem großen Topf zerlassen, das Gemüse darin unter Rühren anschwitzen. Mit der Brühe ablöschen, mit dem Honig, Salz und Pfeffer würzen. Zugedeckt etwa 20 Minuten bei schwacher Hitze köcheln lassen.

2. Die Suppe anschließend pürieren, die Hälfte der Crème fraîche einrühren und die Suppe abschmecken.

3. Zum Servieren die Suppe wieder aufkochen lassen. Noch einmal abschmecken, die übrige Crème fraîche nur leicht unterrühren oder löffelweise darauf geben. Den Schnittlauch waschen, trockentupfen, in Röllchen schneiden und darauf streuen.

Saiblingfilets mit Radieschenbutter

Zutaten:
3–4 Scheiben helles Bauernbrot
oder 5–6 Scheiben Weißbrot
8 kleine Saiblingfilets (etwa 400 g)
4 Eßl. Zitronensaft
Salz
weißer Pfeffer, frisch gemahlen
1 großes Bund Radieschen
125 g Butter

1. Aus dem Brot mit einem kleinen Glas Taler ausstechen oder das Brot in mundgerechte Dreiecke schneiden.

2. Die Saiblingfilets kalt abbrausen, trockentupfen, mit dem Zitronensaft beträufeln, salzen und pfeffern. Zugedeckt kalt stellen.

3. Die Radieschen waschen. 8 schöne Exemplare aussuchen und diese mit ihrem Grün zum Garnieren beiseite legen. Die restlichen Radieschen putzen und in dünne Scheiben schneiden.

4. Zum Servieren etwas Butter in zwei großen Pfannen erhitzen. Die Brottaler darin von beiden Seiten kurz rösten. Aus der Pfanne nehmen.

5. Die restliche Butter in den Pfannen aufschäumen. Die Saiblingfilets darin von jeder Seite 1–2 Minuten braten, dann an den Pfannenrand schieben. Zuletzt die Radieschenscheiben dazugeben und mit der Butter verrühren.

6. Die Saiblingfilets mit der Radieschenbutter und den Brottalern anrichten. Mit den restlichen Radieschen dekorieren.

Sorbet von rosa Grapefruits

Zutaten:
3 rosa Grapefruits
100 g Zucker
200 ml trockener Weißwein oder Sekt (ersatzweise Grapefruitsaft)
eventuell einige Blättchen Zitronenmelisse

1. Die Grapefruits auspressen. Den Zucker mit etwa 50 ml Grapefruitsaft in einem Topf erhitzen, bis sich der Zucker gelöst hat. Vom Herd nehmen, dann den Wein oder den Sekt und den übrigen Grapefruitsaft unterrühren.

2. Die Mischung in eine Schüssel geben und in das Tiefkühlgerät stellen. Mindestens 5 Stunden gefrieren lassen. Zwischendurch mehrere Male mit einem Schneebesen kräftig durchrühren, damit das Sorbet geschmeidig wird.

3. Zum Servieren das Sorbet mit dem Pürierstab durchrühren, zu Kugeln formen und in Gläser setzen. Nach Belieben mit Zitronenmelisse garnieren.

Rinderfilet mit Kartoffel-Zucchini-Torte

Zutaten:
1 kg Rinderfilet
4 Eßl. Öl
schwarzer Pfeffer, frisch gemahlen
800 g festkochende Kartoffeln
650 g Zucchini
6 Eier
300 g Sahne
Salz
Muskatnuß, frisch gerieben
100 g geriebener Emmentaler
1/8 l trockener Rotwein (ersatzweise Brühe)
150 g Crème fraîche
Für die Form: Butter
Alufolie

1. Das Rinderfilet kalt abwaschen und trockentupfen. Das Öl kräftig mit Pfeffer würzen und das Filet damit gründlich einreiben. Zugedeckt in den Kühlschrank stellen.

2. Die Kartoffeln waschen, schälen und in dünne Scheiben schneiden. Die Zucchini waschen, putzen und ebenfalls in Scheiben schneiden.

3. Eine große runde Auflaufform oder eine Springform (mindestens 26 cm Durchmesser) gründlich mit Butter ausstreichen. Bei einer auseinandernehmbaren Springform zusätzlich den unteren Rand außen mit Alufolie umwickeln, damit keine Flüssigkeit herauslaufen kann. Die Kartoffel- und Zucchinischeiben dekorativ in die Form schichten.

4. Den Backofen auf 225° vorheizen. Die Eier mit der Sahne verquirlen, mit Salz, Pfeffer und Muskat würzen und den Käse unterrühren. Die Sahnemischung über die Kartoffeln und Zucchini verteilen. Die Torte im Ofen (Mitte) etwa 40 Minuten vorbacken, dann herausnehmen und abkühlen lassen. Den Ofen ausschalten.

5. Später den Backofen erneut auf 225° vorheizen. Einen Bräter auf dem Herd stark erhitzen, das Rinderfilet darin rundherum scharf anbraten und dann salzen.

6. Den Bräter in den Ofen (Mitte) stellen, die vorgebackene Kartoffel-Zucchini-Torte daneben hineinschieben. Beides etwa 20 Minuten braten. (Das Filet ist dann rosa. Wenn Sie es lieber etwas durchgebratener servieren möchten, lassen Sie es etwa 30 Minuten im Ofen.)

7. Zum Servieren den Bräter bei starker Hitze auf den Herd stellen. Das Rinderfilet herausnehmen, in Alufolie wickeln und etwas nachziehen lassen.

8. Den Wein in den Bräter gießen, aufkochen lassen und den Bratensatz lösen. Die Crème fraîche einrühren und die Sauce abschmecken. Das Rinderfilet auswickeln und den Fleischsaft zur Sauce gießen. Das Filet in dünne Scheiben schneiden, mit der Kartoffel-Zucchini-Torte und der Sauce anrichten.

SAUTERNES
750ml

Überbackene Käsebirnen

Zutaten:
4 Eßl. Zitronensaft
1/8 l trockener Weißwein (ersatzweise Birnensaft)
schwarzer Pfeffer, frisch gemahlen
4 Gewürznelken
4 reife, feste Birnen
200 g Edelpilzkäse
30 g gehackte Pistazienkerne

1. Den Zitronensaft mit dem Wein, Pfeffer und den Nelken in einen breiten Topf geben. Die Birnen schälen, längs halbieren und vorsichtig die Kerngehäuse heraustrennen. Eventuell mehrmals nebeneinander etwas einschneiden, daß sie wie ein Fächer ausgebreitet werden können. Die Birnen in dem Sud wenden, dann mit den Schnittflächen nach unten hineinlegen. Zugedeckt einmal aufkochen lassen, dann im Sud abkühlen lassen.

2. Die Birnen mit den Schnittflächen nach oben in eine Auflaufform legen und eventuell auffächern. Den Käse würfeln und über die Birnen geben.

3. Zum Servieren den Backofen auf 200° vorheizen. Die Birnen in den Ofen (Mitte) stellen und etwa 10 Minuten gratinieren. Mit den Pistazienkernen bestreuen und anrichten.

Schokoladenterrine

Zutaten:
Für die weiße Mousse:
4 Blatt weiße Gelatine
100 g weiße Schokolade
125 g Sahne
2 kleine Eier
40 g Zucker
Für die braune Mousse:
2 Blatt weiße Gelatine
100 g Zartbitterschokolade
125 g Sahne
2 kleine Eier
40 g Zucker
2 Eßl. Cognac nach Belieben
Zum Garnieren:
3 Kiwis
2 Teel. Kakaopulver
3 Eßl. Raspelschokolade

1. Für die weiße Mousse die Gelatine etwa 5 Minuten in kaltem Wasser einweichen. Die weiße Schokolade hacken und mit 50 g Sahne in eine feuerfeste Schüssel geben. Im warmen Wasserbad unter häufigem Rühren schmelzen lassen.

2. Die Eier trennen. Die Eigelbe mit dem Zucker und 2 Eßlöffel heißem Wasser zu einer dicklichen Creme aufschlagen. Die Gelatine ausdrücken, im Wasserbad auflösen und unter die Eigelbcreme rühren. Dann die geschmolzene Schokolade unterziehen.

3. Das Eiweiß und die übrige Sahne getrennt steif schlagen. Nach und nach unter die Creme heben.

4. Für die braune Mousse die Gelatine etwa 5 Minuten in kaltem Wasser einweichen. Die Schokolade hacken und mit 50 g Sahne in eine feuerfeste Schüssel geben. Im warmen Wasserbad unter häufigem Rühren schmelzen lassen.

5. Die Eier trennen. Die Eigelbe mit dem Zucker und 2 Eßlöffel heißem Wasser zur Creme aufschlagen. Die Gelatine ausdrücken, im Wasserbad auflösen und unter die Eigelbcreme rühren. Dann die geschmolzene Schokolade unterziehen. Nach Belieben den Cognac unterrühren.

6. Das Eiweiß und die übrige Sahne getrennt steif schlagen. Nach und nach unter die Creme heben.

7. Eine Terrinenform von etwa 1 l Inhalt kalt ausspülen. Erst die helle, dann die dunkle Mousse einfüllen. Mit einem Kochlöffelstiel ganz leicht spiralförmig durchziehen, damit eine Marmorierung entsteht. Die Terrinenform zudecken und die Mousse in den Kühlschrank stellen.

8. Zum Servieren die Kiwis schälen und in Spalten schneiden. Die Mousse stürzen, nach Belieben in Scheiben schneiden und dünn mit dem Kakaopulver bestäuben. Mit den Kiwis und der Raspelschokolade garnieren.

Festmenü

Für 12 Personen

Kalte Vorspeise
Leberterrine mit Calvadosgelee und Apfelkompott

Warme Vorspeise
Fischsuppe mit Zuckerschoten

Zwischengang
Käsetarte mit Salat

Hauptgericht
Kotelettbraten mit Röstkartoffeln und Linsengemüse

Dessert
Ananasgugelhupf mit Kiwipüree

Getränkeempfehlungen

- Als Aperitif: trockener oder halbtrockener Sherry oder Portwein
- Zur kalten Vorspeise: halbsüßer oder süßer Weißwein
- Zur warmen Vorspeise: leichter, trockener Weißwein, zum Beispiel Müller Thurgau von der Mosel
- Zum Zwischengang: etwas kräftigerer Weißwein, zum Beispiel Grauburgunder aus Baden
- Zum Hauptgericht: samtiger Rotwein, zum Beispiel reifer Burgunder
- Nach dem Dessert: Espresso und Cognac oder Calvados

Tips zu diesem Menü

- Zu einem solch festlichen Menü gehören auch gute Weine. Die große Personenzahl ermöglicht es, wie in Spitzenrestaurants üblich, zu jedem Gang einen anderen Wein zu reichen. Von dem Wein, der das Hauptgericht begleitet, sollten Sie vier bis fünf Flaschen einplanen, von den anderen Sorten genügen drei Flaschen.
- Möchten Sie noch einen Gang einschieben? Ganz unkompliziert gelingt dies, wenn Sie nach dem Kotelettbraten einen reifen Blauschimmelkäse und dazu edelsüßen Wein anbieten.

Zeitplan

Am Vortag:	Die Leberterrine mit dem Gelee zubereiten. Die Brühe für die Fischsuppe kochen. Für die Käsetarte den Mürbeteig kneten. Den Ananasgugelhupf zubereiten und gefrieren lassen.
Am Morgen:	Für die Leberterrine das Apfelkompott zubereiten. Die Käsetarte zubereiten. Den Kotelettbraten marinieren. Die Kartoffeln schälen, in einer Schüssel mit Wasser bedecken und beiseite stellen. Für das Dessert das Kiwipüree zubereiten.
2½ Stunden vorher:	Für die Fischsuppe die Fischstücke marinieren. Die Zuckerschoten putzen.
2 Stunden vorher:	Für die Käsetarte den Salat und das Dressing vorbereiten. Die Linsen kochen, das Gemüse putzen und zugedeckt bereitstellen.
1¼ Stunden vorher:	Den Tisch decken. Zeit für Sie, sich zu erfrischen und umzuziehen.
Kurz vorher:	Den Backofen auf 225° vorheizen.
Nach dem Aperitif:	Die Fischbrühe bei schwacher Hitze auf den Herd stellen. Den Kotelettbraten in den Ofen schieben. Die Leberterrine anrichten und servieren.
Nach der kalten Vorspeise:	Die Kartoffeln zum Fleisch in den Ofen geben. Die Fischsuppe fertigstellen und servieren.
Nach der warmen Vorspeise:	Die Käsetarte zum Aufwärmen nochmals in den Backofen stellen. Dafür die Form auf dem Ofenrost unter oder über dem Braten einschieben. Die Kartoffeln im Ofen umrühren. Die Linsen bei schwacher Hitze wieder auf den Herd stellen, das Lauch-Paprika-Gemüse und den Kürbis unterrühren. Die Käsetarte anrichten und servieren.
Nach dem Zwischengang:	Den Ananasgugelhupf aus dem Tiefkühlgerät in den Kühlschrank stellen. Den Kotelettbraten mit den Beilagen anrichten und servieren.
Nach dem Hauptgericht:	Das Dessert anrichten und servieren.

Qualitätswein mit Prädikat
1991er
Würzgarten
– TROCKEN –

Leberterrine mit Calvadosgelee

Zutaten:
500 g Kalbsleber
¼ l milde Fleischbrühe
200 g weiche Butter
100 ml Calvados
Salz
schwarzer Pfeffer, frisch gemahlen
2 Blatt weiße Gelatine
600 g feste, säuerliche Äpfel (möglichst rotschalig)
3 Eßl. Zitronensaft
3 Eßl. Zucker
3 Eßl. eingelegter grüner Pfeffer
frischer Kerbel nach Belieben

1. Für die Terrine die Kalbsleber sorgfältig waschen und von allen Häutchen befreien, in grobe Würfel schneiden. Die Brühe in einem Topf aufkochen lassen, dann die Hitze reduzieren. Die Leberstücke in die Brühe legen und zugedeckt bei schwacher Hitze in 5–10 Minuten gerade eben gar ziehen lassen.

2. Die Leberstücke abtropfen lassen. 5–6 Stücke beiseite legen, die restlichen pürieren und etwas abkühlen lassen.

3. Die Butter in einer Schüssel cremig rühren, dann nach und nach das Leberpüree daruntermengen. Die Masse mit 2 Eßlöffel Calvados, Salz und Pfeffer pikant abschmecken. Die beiseite gelegten Leberstücke klein würfeln und unterrühren. Die Masse in eine große Schüssel umfüllen, glattstreichen und zugedeckt mindestens 2 Stunden in den Kühlschrank stellen.

4. Für das Calvadosgelee die Gelatine nach der Packungsbeschreibung in kaltem Wasser einweichen. Den restlichen Calvados mit Wasser bis auf 175 ml auffüllen, mit Salz und Pfeffer würzen. Die Gelatine tropfnaß in einen kleinen Topf geben, bei schwacher Hitze auflösen lassen und mit dem Calvados verrühren. Abkühlen, aber noch nicht erstarren lassen, dann über die Lebercreme gießen und zugedeckt in den Kühlschrank stellen.

5. Für das Kompott die Äpfel waschen, vierteln, entkernen und längs in Spalten schneiden. Sofort mit dem Zitronensaft beträufeln, mit dem Zucker und etwas Salz und Pfeffer bestreuen. In einen breiten Topf geben und zugedeckt einmal aufkochen lassen. Die Äpfel dann im Sud abkühlen lassen.

6. Zum Servieren mit einem Eßlöffel Portionen von der Leberterrine abnehmen, mit dem Apfelkompott anrichten. Die grünen Pfefferkörner darauf streuen und nach Belieben mit Kerbelblättchen verzieren.

Fischsuppe mit Zuckerschoten

Zutaten:
2 kg Fischabschnitte (Köpfe, Flossen etc.; vom Fischhändler mitgeben lassen)
2 Lauchstangen
2 Petersilienwurzeln
1 kleines Stück Knollensellerie
1 große Zwiebel
3 Lorbeerblätter
2 Eßl. weiße Pfefferkörner
500 g gemischte Meeresfischfilets (zum Beispiel Kabeljau oder Seelachs)
3 Eßl. Zitronensaft
Salz
weißer Pfeffer, frisch gemahlen
300 g Zuckerschoten
Koriander, gemahlen

1. Die Fischabschnitte unter kaltem Wasser waschen, alle Kiemen entfernen, die Abschnitte in einen großen Topf legen und gut mit kaltem Wasser bedecken.

2. Den Lauch, die Petersilienwurzeln und den Sellerie putzen, waschen, grob zerteilen und in den Topf geben. Die Zwiebel schälen, grob hacken und mit den Lorbeerblättern und den Pfefferkörnern ebenfalls dazugeben. Das Wasser aufkochen lassen, dann bei sehr schwacher Hitze alles etwa 40 Minuten ziehen lassen. Anschließend den Fischsud durch ein feines Sieb abseihen. Nach dem Abkühlen in den Kühlschrank stellen.

3. Die Fischfilets waschen, trockentupfen und in etwa 1 cm breite Streifen schneiden. Mit dem Zitronensaft beträufeln, mit Salz und Pfeffer würzen und zugedeckt kalt stellen.

4. Die Zuckerschoten waschen, putzen und schräg halbieren.

5. Zum Servieren die Fischbrühe wieder aufkochen lassen, mit Salz, Pfeffer und Koriander abschmecken. Die Zuckerschoten hineingeben und etwa 3 Minuten kochen lassen. Dann die Fischstücke hineingeben und alles auf dem ausgeschalteten Herd noch etwa 2 Minuten ziehen lassen.

Kotelettbraten mit Röstkartoffeln

Zutaten:
3 Knoblauchzehen
8 Eßl. Öl
Salz
schwarzer Pfeffer, frisch gemahlen
1 Eßl. Currypulver
2 Teel. Koriander, gemahlen
etwa 2,3 kg Schweinerücken (1 ganzer Kotelettstrang)
1,75 kg festkochende Kartoffeln

1. Den Knoblauch schälen, durch die Presse drücken und mit 5 Eßlöffel Öl, Salz, Pfeffer, dem Curry und dem Koriander verrühren.

2. Den Schweinerücken kalt abwaschen, trockentupfen und mit dem gewürzten Öl einreiben. Zugedeckt kalt stellen.

3. Die Kartoffeln schälen, waschen und grob würfeln. Mit Wasser bedecken und beiseite stellen.

4. Den Backofen auf 225° vorheizen.

5. Den Kotelettbraten auf ein Backblech legen und im Ofen (Mitte) etwa 1 Stunde braten. Dabei nach etwa 20 Minuten die Kartoffeln mit auf das Blech geben und diese später mehrmals zwischendurch wenden.

6. Zum Servieren das Fleisch in Scheiben schneiden und dabei vom Knochen lösen. Zusammen mit den Röstkartoffeln und dem Linsengemüse (Rezept rechts) anrichten.

Linsengemüse

Zutaten:
½ l Hühnerbrühe
275 g braune Linsen
2 zarte Lauchstangen
1 rote Paprikaschote
1 Glas süßsauer eingelegter Kürbis (300 g Gesamtgewicht)
3–4 Eßl. Essig
Salz
schwarzer Pfeffer, frisch gemahlen

1. Die Brühe in einem Topf aufkochen lassen und die Linsen hineinstreuen. Zugedeckt bei schwacher Hitze in 30–60 Minuten (je nach Sorte) gar kochen lassen. Dann abkühlen lassen.

2. Den Lauch längs aufschlitzen und putzen. Die Paprikaschote putzen und beides gründlich waschen. Den Lauch erst in etwa 5 cm lange Stücke, dann diese längs in feine Streifen schneiden. Die Paprikaschote ebenfalls in feine Streifen schneiden.

3. Den Kürbis in einem Sieb abtropfen lassen, den Sud dabei auffangen. Mit dem Lauch und dem Paprika zugedeckt beiseite stellen.

4. Zum Servieren die Linsen im Topf mit dem Lauch und dem Paprika mischen und alles aufkochen lassen. Den Kürbis unterrühren, kurz miterwärmen, dann das Gemüse mit dem Essig, etwas Kürbissud, Salz und Pfeffer abschmecken. Alles zugedeckt bei schwacher Hitze warm halten. Mit dem Kotelettbraten und den Röstkartoffeln (Rezept links) anrichten.

Käsetarte mit Salat

Zutaten:
80 g kalte Butter
175 g Mehl
Salz
1 Eigelb
300 g mittelalter Gouda, am Stück
2 Eier
100 g Sahne
schwarzer Pfeffer, frisch gemahlen
Paprikapulver
1 Zwiebel
4 Eßl. Weinessig
8 Eßl. Olivenöl
2–3 kleine Köpfe Blattsalat (zum Beispiel Lollo rosso, Frisée, Radicchio)
200 g Kirschtomaten
Für die Form: Butter
Für die Arbeitsfläche: Mehl
Frischhaltefolie

1. Für den Mürbeteig die Butter in kleine Stücke schneiden, mit dem Mehl, 3 Eßlöffel eiskaltem Wasser, 1 Teelöffel Salz und dem Eigelb rasch zu einem glatten Teig verkneten. Zu einer Kugel formen, in Frischhaltefolie wickeln und über Nacht in den Kühlschrank legen.

2. Den Käse grob reiben. Mit den Eiern und der Sahne verquirlen, dann mit Pfeffer, Paprikapulver und etwas Salz würzen.

3. Den Backofen auf 200° vorheizen. Eine Tarte- oder Springform (26 cm Durchmesser) gründlich fetten. Den Mürbeteig auf einer leicht bemehlten Arbeitsfläche dünn ausrollen, in die Form heben und dabei einen knapp 1 cm hohen Rand formen. Die Käsemasse daraufgeben und glattstreichen. Die Form in den Ofen (Mitte) stellen und die Tarte etwa 30 Minuten backen.

4. Für das Salatdressing die Zwiebel schälen und sehr fein würfeln. Mit dem Essig, Salz und Pfeffer verquirlen, dann das Öl kräftig unterschlagen. Das Dressing abschmecken.

5. Den Salat waschen, putzen und gründlich trockenschleudern. In ein feuchtes Tuch wickeln. Die Tomaten waschen und eventuell halbieren.

6. Zum Servieren die Tarte im Ofen etwa 10 Minuten wieder erwärmen. In zwölf Stücke schneiden und auf Teller setzen. Den Salat zerzupfen, in dem Dressing wenden und mit der Tarte anrichten. Mit den Kirschtomaten dekorieren.

Ananasgugelhupf

Zutaten:
1 große Ananas
6 Eigelb
170 g feiner Zucker (möglichst Puderzucker)
400 g Sahne
700 g Kiwis
5–6 Eßl. weißer Rum nach Belieben
1 Eßl. Kakaopulver
Alu- oder Frischhaltefolie

1. Eine Gugelhupfform (etwa 3 l Inhalt) in das Tiefkühlgerät stellen.

2. Die Ananas sorgfältig schälen, alle »Augen« und den harten Mittelstrunk entfernen. Das Fruchtfleisch grob zerkleinern, dann pürieren.

3. Die Eigelbe mit 130 g Zucker und 6 Eßlöffel warmem Wasser in einer großen, feuerfesten Schüssel verrühren, über einem heißen Wasserbad dickcremig aufschlagen. Vom Wasserbad nehmen und die Creme schlagen, bis sie kalt ist.

4. Das Ananaspüree unter die Creme rühren. Die Sahne steif schlagen und unterheben. Die Masse in die gekühlte Gugelhupfform umfüllen, diese mit Folie verschließen und sofort in das Tiefkühlgerät stellen.

5. Für das Püree die Kiwis schälen, grob zerkleinern und dann kurz pürieren. Das Püree mit dem restlichen Zucker und nach Belieben mit dem Rum abschmecken.

6. Zum Servieren den Ananasgugelhupf stürzen und in Scheiben schneiden. Zusammen mit dem Kiwipüree anrichten und ganz leicht mit dem Kakaopulver bestäuben. Nach Belieben Amaretti (Rezept Seite 114) dazu reichen.

Weihnachtsmenü

Für 6 Personen

Vorspeise
Lachsnocken mit Salat, Toast

■

Zwischengang
Klare Pilzsuppe mit Eierstich

■

Hauptgericht
Glasierte Gans mit
Majorankartoffeln und Wintergemüse

■

Dessert
Mohnparfait mit Himbeermark und
Orangenfilets, Amaretti

Getränkeempfehlungen

- Als Aperitif: trockener Cidre oder Sekt
- Zur Vorspeise und zum Zwischengang: spritziger Weißwein, zum Beispiel Silvaner aus dem Elsaß
- Zum Hauptgericht: der Silvaner vom Zwischengang oder Rotwein, zum Beispiel Württemberger Trollinger
- Nach dem Dessert: Himbeergeist oder Orangenlikör

Tips zu diesem Menü

- Bei Zeitmangel können Sie für die Pilzsuppe fertigen Wild- oder Pilzfond aus dem Glas verwenden.
- Eine schnellere Variante für eine Suppeneinlage: Sahne steif schlagen, mit Salz, Pfeffer und Preiselbeeren aus dem Glas aromatisieren. Rosetten auf ein Tablett spritzen, im Tiefkühlgerät gefrieren lassen. Wenn Sie diese Rosetten am Vortag gefrieren, sollten Sie sie über Nacht mit Folie zudecken.
- Die Sauce vom Gänsebraten ist ausgesprochen fett. Sie sollten sie gründlich entfetten. Zuerst die klare Fettschicht mit einem Löffel abschöpfen, dann weiteres Fett mit Küchenpapier aufsaugen.
- Eine Variante für ein schnelleres Dessert: fertiges Vanilleeis antauen lassen, mit Mohn verrühren und wieder gefrieren lassen.

Zeitplan

Am Vortag:	Die Amaretti zubereiten. Für die Vorspeise die Lachsmousse zubereiten und zugedeckt in den Kühlschrank stellen. Für den Zwischengang den Wildfond kochen und klären. Den Eierstich stocken lassen und zugedeckt in den Kühlschrank stellen. Für das Dessert das Mohnparfait zubereiten und zugedeckt im Tiefkühlgerät gefrieren lassen. Die Himbeeren zugedeckt auftauen lassen.
Am Morgen:	Für das Hauptgericht die Kartoffeln garen, pellen und zugedeckt beseite stellen. Die Schwarzwurzeln, die Möhren und den Lauch putzen, garen und kühl stellen. Für das Dessert das Himbeermark zubereiten, die Orangen filetieren und zugedeckt kühl stellen.
3½ Stunden vorher:	Mit der Zubereitung der Gans beginnen.
3 Stunden vorher:	Für den Salat das Dressing anrühren. Für die Suppe die Pilze einweichen und den Eierstich ausstechen.
2 Stunden vorher:	Den Tisch decken. Zeit für Sie, sich zu erfrischen und umzuziehen.
1 Stunde vorher:	Die Salatblätter vorbereiten, in ein feuchtes Küchentuch wickeln und in den Kühlschrank legen. Die Pilzsuppe fertigkochen.
Nach dem Aperitif:	Die Gans glasieren. Die Vorspeise mit dem Toast anrichten und servieren.
Nach der Vorspeise:	Für das Hauptgericht die Kartoffeln anbraten und bei sehr schwacher Hitze weiterbraten lassen. Das Gemüse bei schwacher Hitze in Butter schwenken und erwärmen. Den Backofen ausschalten. Die Pilzsuppe aufkochen lassen, abschmecken, mit dem Eierstich anrichten und servieren.
Nach dem Zwischengang:	Das Mohnparfait aus dem Tiefkühlgerät nehmen und im Kühlschrank etwas antauen lassen. Die Sauce für den Gänsebraten entfetten. Die Gans zusammen mit dem Gemüse und den Kartoffeln anrichten und servieren.
Nach dem Hauptgericht:	Das Dessert anrichten und mit den Amaretti servieren.

Lachsnocken mit Salat

Zutaten:
5 Blatt weiße Gelatine
200 g Lachsfilet (ohne Haut und Gräten)
100 ml Fischfond
½ kleine, unbehandelte Zitrone
Salz
weißer Pfeffer, frisch gemahlen
125 g Sahne
4 Schalotten
1 kleines Bund Dill
4 Eßl. Weißwein- oder Apfelessig
6 Eßl. neutrales Öl
je einige Blätter Eichblatt-, Frisée- und Lollo rosso-Salat (oder 1 Kopf einer Salatsorte)
6 Scheiben Toastbrot
6 Cocktailtomaten nach Belieben

1. Für die Lachsmousse die Gelatine nach der Packungsbeschreibung in kaltem Wasser einweichen.

2. Den Lachs kalt abbrausen, trockentupfen und grob zerschneiden. Den Fond in einem Topf aufkochen lassen, die Lachsstücke darin zugedeckt knapp 5 Minuten bei schwacher Hitze dünsten. Anschließend den Lachs zusammen mit dem Fond pürieren. Die Zitrone heiß abspülen, trockentupfen, die Schale abreiben und den Saft auspressen. Saft und Schale zum Lachspüree geben, mit Salz und Pfeffer würzen.

3. Die Gelatine tropfnaß in einen kleinen Topf geben, bei schwacher Hitze auflösen und unter die Lachsmasse rühren. Abkühlen lassen, dann die Sahne steif schlagen und unterheben. Die Masse abschmecken, in eine Schüssel umfüllen und zugedeckt kalt stellen.

4. Für das Salatdressing die Schalotten schälen und fein würfeln. Den Dill abbrausen, trockentupfen und fein hacken. Die Schalotten, den Dill, den Essig, Salz und Pfeffer verquirlen, dann das Öl kräftig unterschlagen. Das Dressing abschmecken.

5. Die Salatblätter putzen, waschen, trockenschleudern und mundgerecht zerzupfen. In ein feuchtes Tuch wickeln und kühl stellen.

6. Zum Servieren die Salatblätter im Dressing wenden und auf sechs Tellern anrichten. Von der Lachsmousse mit zwei Löffeln Nocken abstechen und diese auf oder neben dem Salatbett arrangieren, nach Belieben mit je 1 Cocktailtomate verzieren. Die Toastbrotscheiben rösten und zweimal diagonal durchschneiden. Je 4 Toastecken am Rand auf die Salatteller legen.

Pilzsuppe mit Eierstich

Zutaten:
1 kg Wild- und Wildgeflügelknochen
2 Bund Suppengemüse
2 Eßl. schwarze Pfefferkörner
1 Teel. Wacholderbeeren
2 Lorbeerblätter
3 Eier
175 ml Milch
Salz
weißer Pfeffer, frisch gemahlen
Muskatnuß, frisch gerieben
2 Eiweiß
3 Tütchen getrocknete Steinpilze (etwa 10 g)
1 Bund Schnittlauch
50 ml trockener Sherry oder Portwein nach Belieben
Für die Form: Fett
Alufolie

1. Für die Brühe die Knochen waschen, mit etwa 2 l Wasser in einen großen Topf geben. Das Suppengemüse putzen, waschen und grob zerteilen. Mit den Pfefferkörnern, den Wacholderbeeren und den Lorbeerblättern zu den Knochen geben. Das Wasser aufkochen lassen, alles halb zugedeckt bei schwacher Hitze 1½–2 Stunden leicht köcheln lassen. Zwischendurch eventuell den Schaum abschöpfen. Die Brühe anschließend durch ein feines Sieb in einen sauberen Topf umgießen und abkühlen lassen.

2. Für den Eierstich die 3 Eier mit der Milch, Salz, Pfeffer und Muskat verrühren, aber nicht schaumig schlagen. Eine eckige, feuerfeste Form gründlich fetten, die Eiermilch hineingießen. Die Form mit Alufolie verschließen.

3. Die Form in einen breiten Topf stellen. Soviel kochendheißes Wasser in den Topf gießen, bis die Form bis zur halben Höhe im Wasser steht. Den Topfdeckel auflegen, das Wasser aufkochen lassen und dann die Masse bei schwacher Hitze etwa 45 Minuten stocken lassen. Den fertigen Eierstich abkühlen lassen.

4. Die 2 Eiweiße leicht verquirlen, unter die kalte Brühe ziehen und diese unter Rühren wieder aufkochen lassen. Den Topf vom Herd nehmen, die Brühe etwa 5 Minuten ziehen lassen, dann erneut durch ein feines Sieb abgießen.

5. Die Steinpilze in ⅛ l lauwarmem Wasser einweichen. Aus dem Eierstich Sternchen ausstechen. Den Schnittlauch abbrausen, trockentupfen, in feine Röllchen schneiden.

6. Zum Servieren die Pilze eventuell kleinschneiden, mit dem Einweichsud zur Brühe geben und aufkochen lassen. Mit Salz, Pfeffer und nach Belieben mit dem Sherry oder dem Portwein abschmecken. Die Eierstich-Sternchen in tiefe Teller geben und die Pilzbrühe darüber verteilen. Mit den Schnittlauchröllchen bestreuen.

Glasierte Gans

Zutaten:
1 küchenfertige Gans (etwa 4½ kg)
Salz
schwarzer Pfeffer, frisch gemahlen
3 Teel. getrockneter Majoran
5 kleine, säuerliche Äpfel (zum Beispiel Cox Orange)
2 Eßl. flüssiger Honig
2 Eßl. Zitronensaft
etwas Saucenbinder nach Belieben
Küchengarn oder Metallspieße

1. Den Backofen auf 225° vorheizen.

2. Die Gans waschen, mit Küchenpapier gründlich trockentupfen und überschüssiges Fett herausnehmen. Die Gans innen und außen mit Salz, Pfeffer und dem Majoran einreiben.

3. Die Äpfel waschen und gründlich abreiben, die Kerngehäuse ausstechen. Die Äpfel in die Gans füllen, die Bauchöffnung mit Küchengarn zunähen oder mit Metallspießchen verschließen. Die Gans rundherum mit einem Holzstäbchen mehrfach einstechen, damit das Fett gut herausbraten kann.

4. Die Gans mit der Brust nach unten in die Saftpfanne des Ofens oder in einen großen Bräter legen. ½ l kochendes Wasser darüber gießen. In den Ofen (unten) stellen. Die Gans etwa 30 Minuten dämpfen.

5. Die Gans aus dem Ofen nehmen, den Ofen auf 200° zurückschalten und den Sud in einen Topf umgießen und gründlich entfetten. Das Fett für die Majorankartoffeln beiseite stellen.

6. Die Gans mit der Brust nach unten auf einen Rost legen und zurück in den Ofen (unten) geben. Die Saftpfanne darunter einschieben. Die Gans noch etwa 2 Stunden braten, mehrfach mit dem entfetteten Sud begießen. Die Gans wenden, sobald der Rücken braun und knusprig ist (etwa nach 1¼ Stunden).

7. Für die Glasur etwas Bratensud mit dem Honig, dem Zitronensaft und 1 Teelöffel Salz verrühren. Die Gans damit bepinseln und noch etwa 15 Minuten im Ofen bräunen. Danach den Ofen ausschalten.

8. Zum Servieren die Saftpfanne herausziehen, den Bratensatz in einen Topf umgießen und dabei den ganzen Satz gründlich ablösen (eventuell mit etwas Wasser). Die Sauce entfetten, gründlich durchkochen lassen, abschmecken und nach Belieben mit etwas Saucenbinder andicken. Die Gans tranchieren und mit der Sauce servieren.

Majorankartoffeln

Zutaten:
1 kg kleine runde, festkochende Kartoffeln
Salz
3 Teel. getrocknete oder frische Majoranblättchen
schwarzer Pfeffer, frisch gemahlen
Zum Braten: Gänsefett oder Butter

1. Die Kartoffeln in 15–20 Minuten in Salzwasser garen. Abgießen, etwas abkühlen lassen, dann pellen. Die Kartoffeln zugedeckt beiseite stellen.

2. Zum Servieren etwas Gänsefett oder Butter in einer breiten Pfanne erhitzen, die Kartoffeln und den Majoran hineingeben. Die Kartoffeln bei mittlerer Hitze unter mehrmaligem Wenden rundherum goldbraun braten. Mit Salz und Pfeffer abschmecken. Bis zum Servieren bei sehr schwacher Hitze warm halten. Zur Gans (Rezept links) servieren.

Wintergemüse

Zutaten:
400 g Schwarzwurzeln
Salz
2 Eßl. Essig
300 g Möhren
300 g zarte Lauchstangen
2 Eßl. Butter
schwarzer Pfeffer, frisch gemahlen

1. Die Schwarzwurzeln unter fließendem Wasser gründlich abbürsten. In reichlich Salz-Essig-Wasser in 15–20 Minuten knapp gar kochen lassen. Die Schwarzwurzeln abgießen, kalt abbrausen und die schwarze Schale abziehen oder abschälen. Die Schwarzwurzeln quer halbieren oder dritteln und zugedeckt beiseite stellen.

2. Die Möhren putzen und schälen, so groß wie die Schwarzwurzelstücke schneiden. In wenig Salzwasser in 5–10 Minuten knapp gar kochen lassen. Abgießen, kalt abbrausen, abtropfen lassen und zu den Schwarzwurzeln geben.

3. Den Lauch putzen, längs aufschlitzen, gründlich waschen und ebenfalls so groß wie die Schwarzwurzelstücke schneiden. In wenig Salzwasser knapp 5 Minuten vorgaren, abtropfen und abkühlen lassen. Dann zum übrigen Gemüse geben und alles zugedeckt kühl stellen.

4. Zum Servieren die Butter in einem breiten Topf aufschäumen. Das Gemüse darin schwenken, den Topf zudecken und das Gemüse bei schwacher Hitze erwärmen. Mit Salz und Pfeffer abschmecken. Warm halten und zur Gans (Rezept ganz links) servieren.

Tip!
Dekorativ sehen die Möhren aus, wenn Sie erst mit einem Kanneliermesser Streifen abziehen und sie dann in Scheiben schneiden.

Amaretti

Zutaten:
150 g Mandeln
150 g Puderzucker
2 Teel. Mehl
2 kleine Eiweiß
etwas Zimtpulver
etwas abgeriebene Schale einer unbehandelten Zitrone
3–4 Tropfen Bittermandelöl
Backpapier

1. Die Mandeln für etwa 5 Minuten in kochendes Wasser geben. Anschließend die Mandeln in ein Sieb abgießen, etwas abkühlen lassen und aus den dunklen Häutchen drücken.

2. Die Mandeln abtrocknen, durch die Mandelmühle drehen und gründlich mit dem Puderzucker und dem Mehl mischen.

3. Den Backofen auf 175° vorheizen und ein Backblech mit Backpapier auslegen.

4. Die Eiweiße zu steifem Schnee schlagen, mit Zimt und Zitronenschale würzen. Den Eischnee nach und nach unter die Mandelmasse rühren, bis ein glatter Teig entstanden ist. Den Teig mit dem Bittermandelöl aromatisieren.

5. Den Teig in einen Spritzbeutel mit glatter, großer Tülle geben, mit genügend Abstand zueinander kleine Teighäufchen auf das Backblech setzen. Das Blech sofort in den Ofen (Mitte) schieben und die Plätzchen etwa 15 Minuten backen.

6. Die fertigen Plätzchen sofort auf ein Küchengitter heben und dort auskühlen lassen. Die Plätzchen nach dem Abkühlen in eine gut verschließbare Dose geben.

Mohnparfait mit Himbeermark

Zutaten:
4 Eigelb
75 g Zucker
250 g Sahne
4 Eßl. Mohnsamen
1–2 Eßl. Mandellikör nach Belieben
250 g tiefgekühlte Himbeeren
1–2 Eßl. Puderzucker
2 unbehandelte Orangen

1. Für das Parfait die Eigelbe mit 4 Eßlöffel heißem Wasser und dem Zucker über einem warmen Wasserbad dickschaumig aufschlagen. Die Schüssel mit der Creme vom Wasserbad heben und die Creme solange schlagen, bis sie kalt ist.

2. Die Sahne steif schlagen, mit dem Mohn und nach Belieben dem Mandellikör unter die Eiercreme heben. Die Masse in eine kältebeständige Schüssel umfüllen und zugedeckt im Tiefkühlgerät gefrieren lassen.

3. Für das Himbeermark die Himbeeren zugedeckt auftauen lassen. Einige schöne Früchte beiseite legen, die restlichen pürieren und durch ein feines Sieb streichen. Mit dem Puderzucker süßen.

4. Die Orangen heiß abwaschen und trockentupfen. Etwas Schale mit einem Juliennereißer abziehen oder die Schale dünn abschälen und in feine Streifen schneiden. Anschließend die Orangen so schälen, daß auch die weiße Haut entfernt ist. Dann die Fruchtsegmente zwischen den Trennhäutchen herausschneiden. Den abtropfenden Saft dabei auffangen und unter das Himbeermark rühren.

5. Zum Servieren das Mohnparfait zu Kugeln formen oder in Scheiben schneiden, mit dem Himbeermark, den Himbeeren und den Orangenspalten anrichten und mit den Orangenstreifen dekorieren.

Weitere Menüvorschläge

Suchen Sie nach weiteren Anregungen, mit welchen Speisen Sie Ihre Gäste verwöhnen können?
Natürlich können Sie immer neue Kombinationen servieren, und natürlich können Sie die in diesem Buch genau beschriebenen Rezepte abwandeln oder durch Eigenkreationen ergänzen. Hier finden Sie noch weitere Ideen für Menüs für zwei bis zwölf Personen mit jeweils vier Gängen, zusammengestellt aus den Rezepten dieses Buches.

Menü für 2 Personen

Vorspeise: Sahnige Möhrensuppe (Seite 94; nur ein Drittel der Menge zubereiten)
Hauptgericht: Spaghetti mit Lachs und Spinat (Seite 50; nur die Hälfte der angegebenen Mengen zubereiten)
Käsegang: Gorgonzola mit Trauben (Seite 31)
Dessert: Heidelbeer-Eisbecher mit Sahne (Seite 27; nur die halbe Menge zubereiten)

Menü für 4 Personen

Vorspeise: Broccolitimbals mit Gambas (Seite 72)
Zwischengang: Tortellinisuppe (Seite 26; nur 150 g Tortellini kochen)
Hauptgericht: Entenbrust mit Sahnekartoffeln (Seite 30; die doppelte Menge zubereiten)
Dessert: Erdbeeren in Rhabarbergelee (Seite 64)

Menü für 6 Personen

Vorspeise: Blattsalate mit Tomatenvinaigrette (Seite 94)
Zwischengang: Cremesuppe von Wurzelpetersilie (Seite 34; die Mengen um die Hälfte erhöhen)
Hauptgericht: Schweinesteaks mit Kräuterkartoffeln (Seite 26)
Dessert: Pfirsiche mit Honigjoghurt (Seite 47; die Mengen um die Hälfte erhöhen)

Menü für 8 Personen

Vorspeise: Räucherforelle mit Schnittlauchsauce (Seite 24; etwas mehr Fischfilet kaufen)
Zwischengang: Frittatensuppe (Seite 40; etwas mehr Brühe kochen)
Hauptgericht: Hähnchen mit Wirsing-Maronen-Gemüse (Seite 34; die doppelte Menge zubereiten, nicht im Bräter garen, sondern auf der Fettpfanne des Ofens)
Dessert: Mango-Kefir-Mousse (Seite 83; die Menge verdoppeln)

Menü für 10 Personen

Vorspeise: Sahnige Möhrensuppe (Seite 94; die Menge leicht erhöhen)
Zwischengang: Blattsalat mit Kürbiskernen (Seite 40; die Mengen verdoppeln)
Hauptgericht: Kotelettbraten mit Röstkartoffeln und Linsengemüse (Seite 104)
Dessert: Nektarinen-Johannisbeer-Salat (Seite 75; die Mengen gut verdoppeln, ausreichend Eis kaufen)

Menü für 12 Personen

Vorspeise: Tomatenmousse mit Basilikumvinaigrette (Seite 86; die Mengen verdoppeln)
Hauptgericht: Hasenragout (Seite 53; die Mengen verdreifachen; dabei die Fleischstücke in einer Pfanne auf dem Herd anbraten, dann auf die Fettpfanne des Ofens legen und bei 200° im Ofen garen)
Käsegang: Gorgonzola mit Trauben (Seite 31; die fünffache Menge zubereiten)
Dessert: Grapefruit-Kefir-Creme (Seite 69; die Menge verdreifachen)

Rezept- und Sachregister

Einladen & genießen

Freunde einladen – das ist wohl der schönste Anlaß, einmal wieder etwas ganz Köstliches auf den Tisch zu bringen. Einfach in fröhlicher Runde so richtig schlemmen – und genießen. Die Reihe *»Einladen & genießen«* hält vielerlei Ideen bereit, mit denen man ohne viel Aufwand eine Atmosphäre der guten Laune zaubert – damit die Einladung zum vollen Erfolg wird.

Jeweils 120 Seiten mit vielen Farbfotos, laminierter Pappband. 15,– DM / 99,– öS / 14,– sfr.

Sei es zum Familienfest, High Tea, zum Gartenfest oder zum Sektfrühstück – Buffets sind immer willkommen. Sie lassen sich wunderbar vorbereiten und ermöglichen den Gastgebern, selber unbeschwert mitzufeiern...

Der Phantasie beim Tischdecken sind wirklich (fast) keine Grenzen gesetzt! Und das Ergebnis sorgt bei Ihren Gästen schon mal fürs erste Gesprächsthema – auch wenn es ohne großen Aufwand auf den Tisch »gezaubert« wurde...

Alles dreht sich um den heißen Topf! Aber er ist ja auch kaum zu schlagen, wenn es um gastgeberfreundliche Einladungen geht. Die Zutaten zum Garen können in Ruhe bereitgestellt werden, dazu gibt es passende Saucen, Dips und Salate...

Eine exotische Gartechnik erobert unsere Küchen! In der gewölbten Pfanne aus Asien gelingt alles spielend leicht und ist blitzschnell fertig. Spezialitäten aus dem WOK sind so vielfältig, bunt und überraschend wie die Erwartungen Ihrer Gäste.

Anregungen für schöne Stunden zu zweit: kleine Rezepte und große Menüs, Stimmungsvolles und auch Schnelles. Dazu gibt es Rezepte für alle Gelegenheiten und jede Menge Tips rund um Planung, Einkauf und Zubereitung.

Schwungvolle Parties mit erfrischenden Cocktails liegen im Trend: Ob ganz klassisch, fruchtig-exotisch oder raffiniert-alkoholfrei – Ihre Gäste werden staunen über die Vielfalt, die Sie im Shaker und Mixer zaubern.

Angelika Ilies,
gebürtige Hamburgerin mit Wohnsitzen in Bonn und München, arbeitet engagiert und erfolgreich als freie Autorin und Food-Journalistin. Der Start in die Karriere begann direkt nach dem Ökotrophologiestudium – mit einem Umweg über London, wo sie in einem renommierten Verlag Redaktionsalltag erlebte und gleichzeitig die internationale Küche beschnupperte. Zurück im eigenen Land verstärkte sie viereinhalb Jahre lang das Kochressort der größten deutschen Foodzeitschrift. Seit 1989 verdient sie sich Sporen und Brötchen in Eigenregie.

Klaus Arras
studierte an der Fachhochschule in Köln Foto-Ingenieurwesen mit Schwerpunkt Audio-Visuelle Medien und Bildgestaltung. Der Schwerpunkt seiner bisherigen Arbeit lag im Bereich Stillife, in jüngster Zeit beschäftigt er sich zudem verstärkt mit Food-Fotografie. Seit 1985 hat er ein eigenes Fotostudio in Köln und arbeitet vor allem für Werbeagenturen, Industrie und Kochbuchverlage. Für das Styling ist Xenia Burgtorf zuständig.

Umschlagvorder- und -rückseite sowie Seite 2: FoodPhotography Eising, München

Genehmigte Lizenzausgabe für Weltbild Verlag GmbH, Augsburg 2000

Redaktion: Birgit Rademacker
Lektorat: Christine Wehling
Typographie: Studio Greif
Herstellung: Ulrike Laqua
Fotos: Klaus Arras
Styling: Xenia Burgtorf
Umschlaggestaltung: Greenstuff, München
Printed in Austria
ISBN 3-8289-1046-7

Dankeschön an
Pesch GmbH & Co. KG, Einrichtungshaus, Köln
Fa. Rosenthal, Köln
Wohnaccesoirs Ursula Kunz, Köln

Fotos auf Agfachrome RS 100 plus